# LETTRES À LUCILIUS

# AGORA
## LES CLASSIQUES

*Les textes et les thèmes fondamentaux*
*de la philosophie et de la science*

## AGORA
### LES CLASSIQUES
*Collection dirigée par Claude Aziza*

# SÉNÈQUE

# Lettres à Lucilius

### Sur l'amitié, la mort et les livres

*Préface,*
*traduction et commentaires de*
*Pierre MISCEVIC*

© 1990, Pocket
ISBN 2-266-03399-9

# INTRODUCTION

*Ita fac, mi Lucili, vindica te tibi :* « Oui, mon cher
Lucilius, revendique la propriété de ton être ». C'est par
ces mots que Sénèque entame sa correspondance avec
Lucilius, un jour de juillet de l'année 62 après
J.-C. [1]. A 63 ans il n'a même plus trois années à vivre,
puisque le 19 avril 65 il se tranche les veines sur l'ordre
de Néron. Au printemps précédent, l'homme qui avait
partagé avec lui la lourde tâche de faire l'éducation du
fils d'Agrippine, Burrus, est mort. A-t-il été empoi-
sonné par l'empereur ? On ne peut certes l'affirmer,
mais Sénèque, se sentant menacé, a demandé à Néron la
permission de quitter la Cour et de lui rendre tous les
biens dont il l'avait comblé. On sait en effet que le
philosophe stoïcien, au sommet de sa puissance, avait
amassé une belle fortune. Son ennemi Suillius ne s'était
pas privé de l'attaquer ouvertement en 58, comme le
rapporte Tacite au livre XIII des *Annales* : « Par quelle
philosophie, disait-il, par quelle sagesse, en vertu de
quels préceptes Sénèque, pendant quatre ans de faveur,
a-t-il amassé trois cents millions de sesterces ? Les
testaments et les citoyens sans héritiers sont pris dans
ses filets, l'Italie et les provinces épuisées par l'énormité

---

1. On lira avec intérêt les pages que P. Grimal, dans son ouvrage
*Sénèque ou la conscience de l'Empire*, consacre aux *Lettres* et à leur
chronologie.

de l'usure. » Suillius pouvait être mû par la haine et la jalousie mais est-il concevable qu'il ait tout inventé ? On trouve, toujours chez Tacite, qui par ailleurs a rendu justice au philosophe dans le superbe récit de sa mort, des notations qui ne font pas honneur à l'auteur du *De Vita beata*.

Ainsi, après le meurtre de Britannicus, en 55, Néron « combla de largesses les principaux de ses amis, et il ne manqua pas de gens pour blâmer des hommes qui faisaient profession de morale austère et qui, à cette occasion, s'étaient partagé maisons à Rome et propriétés à la campagne [1] ». Le professeur de morale, bien sûr, est notre philosophe stoïcien, qui, quelque temps auparavant, avait composé pour Néron l'éloge funèbre de Claude, dans lequel il glissa mainte flatterie. Il est toujours au premier rang lorsque, en 59, on interroge Agrippine sur les agissements qui lui sont reprochés et qui fourniront à l'empereur le prétexte à la faire tuer [2]. Plus grave, lorsque le parricide fut, après maintes tentatives avortées, enfin consommé, la lettre lue par Néron dans laquelle il énumérait les prétendus attentats fomentés par sa mère était encore l'œuvre de Sénèque... Jusqu'où pourrait-il donc aller dans son soutien au monstre que devenait son disciple ?

C'est donc la mort de son collègue qui le décide à prendre sa retraite — à laquelle il songeait sans doute depuis un certain temps. Dès ce moment, il rompt avec les « habitudes du temps de sa puissance [3] ». On le voit de moins en moins au Palatin. Néron feint la tristesse : il prétexte la maladie ou ses études. On ne peut d'ailleurs mettre en doute la pertinence de ces deux arguments. Sénèque connaît depuis longtemps déjà les affres de la maladie : la lettre LXXXV nous apprend qu'il souffre de catarrhes, qui ont réduit son corps à une extrême maigreur. D'autre part, il est vrai que pendant les trois

1. *Annales*, XIII, 42.
2. *Ibidem*, XIII, 21.
3. *Ibidem*, XIV, 56.

dernières années de sa vie, il se consacrera à nouveau à la philosophie, qu'il avait quelque peu délaissée depuis l'année 49 : ainsi se succéderont le *De otio,* où il justifie sa résolution de se retirer, le *De providentia,* le *De beneficiis* et surtout les *Naturales Quaestiones* dédiées à Lucilius et composées en même temps que les *Lettres.* C'est dire que cette retraite sera active ! Le philosophe se plonge à nouveau dans les livres, non seulement pour lui-même, mais pour son disciple [1]. Il retrouve les stoïciens, mais aussi Épicure et nous verrons l'importance de ce philosophe dans les *Lettres.* En se retirant de la Cour, il se retire de tout ce qui est bas (*sordidus*) pour s'élever par la lecture et l'écriture, et atteindre enfin à la véritable indépendance. Selon les mots de Grimal, cette retraite « n'est pas un refuge, mais la réalisation d'un programme sans cesse différé [2] ». Le voici donc, ce jour de juillet 62, à quatre milles de Rome, dans l'une de ses « campagnes »...

*Ita fac, mi Lucili...* Mais qui est ce Lucilius à qui Sénèque a consacré une bonne partie de ses dernières années, en lui écrivant jusqu'à trois fois par semaine [3] ?

Tout ce que nous savons de lui provient des écrits de Sénèque qui lui dédia, outre ses lettres, le *De providentia* et les *Naturales Quaestiones.* Il était plus jeune que l'auteur : « Je me parle à moi-même en disant cela, mais considère que c'est à toi que je parle. Tu es plus jeune : qu'importe ? Le nombre des années ne compte pas » (XXVI). Henri Noblot pourtant, dans son édition des *Lettres,* note judicieusement que « rien ne prouve que la différence d'âge entre les deux amis soit de plus d'une année. Car le nom de Lucilius Junior prêtait au jeu de mots *juvenior* [4] ». Le début de la lettre XIX nous apprend en effet que Lucilius approchait de la vieillesse : « Nous avons suffisamment gaspillé de temps : sur nos vieux jours, commençons à rassembler nos bagages. »

1. Cf. Lettre LXXXIV.
2. *Op. cit.,* p. 219.
3. *Ibidem,* p. 451.
4. *Junior/juvenior,* « plus jeune ».

Il était né en Campanie, soit à Pompéi, soit à Naples. De passage dans cette contrée en été 63, Sénèque regrette son ami plus vivement que jamais : « Voici que la Campanie et surtout la vue de Naples et de ta chère ville de Pompéi ont incroyablement ravivé le regret que j'ai de toi » (XLIX). Au début de la lettre LIII, il évoque encore « ta chère Parthénope (c'est-à-dire Naples) » d'où il embarque pour Pouzzoles. Mais à la première ligne de la lettre LXX on lit : « Il y avait longtemps que je n'avais revu ton cher Pompéi. »

Il était de condition modeste : « Plût aux dieux que tu eusses connu le bonheur de vieillir dans la situation modeste où tu es né et que le sort ne t'eût pas conduit aux grandeurs ! » (XIX). Il devint, grâce à son mérite, chevalier : « Tu es chevalier et tu dois à ton mérite ton admission dans cet ordre. » Outre ses qualités morales, que son mentor se plaît à rappeler, il se montra aussi, semble-t-il, habile poète, auteur de poèmes chantant la Sicile. La lettre XLVI nous apprend qu'il mania aussi la prose, sans doute dans un ouvrage philosophique, que Sénèque apprécia fort. Il suivit donc la carrière habituelle d'un chevalier, en étant successivement préfet de cohorte (à la tête d'environ 600 hommes), tribun militaire (à la tête d'une légion) et préfet de cavalerie auxiliaire (commandant un contingent de 500 à 1 000 hommes). Enfin, après des séjours dans les Alpes du Nord et en Macédoine, il partit en Sicile pour y exercer les fonctions de procurateur impérial (il était donc chargé de la direction des domaines et des douanes de cette province).

Dans la préface des *Questions naturelles*, Sénèque prête à Lucilius lui-même, qui, dit-il, n'a besoin de personne pour faire son éloge, les propos suivants :

« Je me suis consacré aux études libérales. Quoique ma modeste condition m'engageât à suivre une autre voie où mon talent eût pu s'appliquer à des tâches dont la rétribution est immédiate, je me suis tourné vers la poésie, qui ne rapporte rien, et vers l'étude salutaire de la philosophie. J'ai montré que la vertu peut se loger dans le cœur de tout homme, et, renversant les obstacles dus à ma naissance obscure, j'ai pris ma mesure non d'après le sort mais d'après mon âme, je me suis hissé au niveau des plus grands. » Vient ensuite une qualité essentielle : la *fides,* la loyauté et la fidélité que Lucilius a su montrer en toute occasion à ses amis : « Caligula n'a pu me faire trahir l'amitié que je portais à Getulicus[1]. Messaline[2] et Narcisse[3], longtemps ennemis de Rome avant de le devenir pour eux-mêmes, ne purent me faire changer d'attitude à l'égard de personnages qu'il était dangereux d'avoir pour amis[4]. J'ai offert ma tête pour prix de ma fidélité. On ne m'a pas arraché un mot qui pût troubler ma conscience. Toutes mes craintes furent pour mes amis, aucune pour moi sinon celle de ne les avoir pas suffisamment aimés. Je n'ai pas versé de larmes indignes d'un homme. [...] Plus grand que les dangers que je courais, prêt à aller au supplice dont on me menaçait, j'ai rendu grâce à la Fortune d'avoir voulu vérifier le prix que j'attachais à la fidélité : une si grande vertu ne devait pas me coûter peu de chose. Je ne me suis pas longtemps interrogé pour savoir s'il valait mieux sacrifier ma vie à la fidélité ou la fidélité à l'honneur : les deux poids ne pouvaient être mis en balance ! [...] Je voyais auprès de Caligula les instruments de torture, je voyais les flammes[5], je voyais que sous son règne l'humanité était descendue si bas qu'on regardait ses victimes comme des preuves de sa pitié — pourtant, je ne me suis pas jeté sur mon épée, ni plongé dans la mer la bouche ouverte, afin de ne pas sembler incapable de rien d'autre que de mourir, pour rester fidèle. »

Un tel personnage était digne de l'intérêt de Sénèque, et surtout de son amitié ! Si le philosophe se plaît à

---

1. Gouverneur de la Germanie supérieure. Trop aimé de ses soldats, il fut mis à mort par Caligula qui prétexta une conjuration.
2. Première femme de Claude.
3. Affranchi et favori de Claude.
4. On peut penser que parmi eux figure Sénèque, qui fut exilé en Corse par Messaline.
5. Les flammes du réchaud qui servent à chauffer la pointe du fer.

souligner la fidélité de son correspondant, c'est qu'il
n'était pas sans danger d'être l'ami d'un homme tel que
lui après 62 (on ne sait d'ailleurs s'il ne tomba pas lui
aussi en disgrâce après la mort de son maître, comme la
plupart des familiers de celui-ci). Après la rupture avec
le Palatin, Sénèque doit compter ses amis (comme le fit
quelques années auparavant Agrippine éloignée par son
fils). Retiré dans sa maison, retiré en lui-même, il se
consacre à l'étude et à l'amitié, vertu que le sage doit
priser entre toutes (voir les lettres III, VI, IX...).

Car cette correspondance, si elle est l'occasion pour le
philosophe stoïcien d'exposer ses principes, est d'abord
une correspondance d'amitié. Le recueil est placé sous
le signe de ce mot d'*amicitia*, qu'il convient de ne pas
galvauder. Si nous lui donnons toute sa valeur, ce
sentiment nous engage en profondeur ; il peut nous
conduire à donner notre vie pour celui que nous avons
choisi comme ami (III). Il ne s'agit donc pas de se
décider à la légère ou de donner, comme le Lucilius de
l'été 62, le titre d'ami à un homme pour lequel on a des
secrets (*ibidem*) ! Non, le sage de Sénèque, comme celui
de Cicéron *(De amicitia),* fait de l'amitié une sorte de
sacerdoce. L'ami, c'est un autre soi-même : on ne doit
pas avoir pour lui plus de secrets que pour sa propre
conscience ; et le sage a beau se suffire à lui-même, « il
est porté à l'amitié par l'aiguillon de l'instinct » (IX).
Bien plus, dans la lettre XLVIII absente de notre recueil,
Sénèque proclame ceci : « Mon intérêt se confond avec
le tien : je ne suis pas ton ami, si ce qui te regarde ne me
regarde pas. L'amitié nous fait tout partager ; il n'y a
plus ni bonheur ni malheur individuels : nos deux vies
ne font plus qu'une. On ne peut vivre heureux quand on
ne regarde que soi, quand on ne pense qu'à son intérêt
personnel. Il faut vivre pour autrui si l'on veut vivre
pour soi. » On ne peut, bien sûr, éviter le rapproche-
ment avec les pages célèbres que Montaigne consacra à
son ami La Boétie : « En l'amitié de quoi je parle, [les
âmes] se mêlent et se confondent l'une en l'autre, d'un
mélange si universel, qu'elles effacent et ne retrouvent

plus la couture qui les a jointes. Si on me presse de dire pourquoi je l'aimais, je sens que cela ne peut s'exprimer qu'en répondant : Parce que c'était lui, parce que c'était moi » (I, XXVIII).

Mais, bien sûr, l'amitié du sage, celle de Montaigne, celle de Sénèque, ne peut être accordée qu'à un homme de bien : « Quand je te demande avec insistance de te consacrer à l'étude, c'est pour moi que je travaille. Je veux avoir un ami : mais c'est un bonheur que je ne pourrai connaître si tu ne persistes pas dans le perfectionnement de toi-même que tu as entrepris » (XXXV). L'ami, c'est celui avec qui on recherche le bien (VI) : le plaisir suprême de Sénèque, c'est « d'apprendre pour enseigner » (VI) : « Si on me donnait la sagesse, dit-il dans la même lettre, à la condition de la garder pour moi sans la partager, je la refuserais ! » C'est assez dire que les *Lettres à Lucilius,* qui sont sans conteste le chef-d'œuvre de leur auteur, ont l'amitié pour origine : cet « aiguillon » dont parle Sénèque dans la lettre IX a tout autant stimulé l'écrivain que l'homme. Montaigne n'est-il pas entré en littérature après la mort de La Boétie, et d'abord pour honorer la mémoire de l'ami perdu ? Le livre n'a-t-il pas remplacé pour lui cet homme, ce confident, ce conseiller incomparable ? À partir de ce moment, l'auteur des *Essais* s'entretiendra avec la page, qui devient sa seule amie, et à travers elle avec l'ami inconnu qu'est le lecteur. C'est là ce qu'on peut appeler l'écriture d'amitié : et dans les deux cas, le stylet ou la plume tissent un lien d'autant plus fort que l'être aimé n'est pas là et que l'écrivain est *seul*. Mort ou presque toujours éloigné, l'ami absent excite le regret, le désir qu'on a de lui, et donc le désir d'être plus digne de lui et d'aller toujours plus loin en écrivant.

Dès lors, on comprend mieux la récurrence du thème de l'amitié au début de cette correspondance : Sénèque ne donne-t-il pas une sorte de mode d'emploi à son destinataire ? « Avant de s'engager dans de hautes réflexions sur de graves sujets philosophiques, traitons le plus important de tous — car tu ne sauras pas me lire, tu ne pourras pas profiter de mes lettres, si tu ne sais pas ce que nous devons être l'un pour l'autre, si tu ne comprends pas que cet échange de lettres doit aussi être un échange d'âmes : le progrès que tu souhaites accomplir sous mon égide ne sera possible que grâce à une telle amitié... » Quand Lucilius aura bien assimilé ce mode d'emploi, qui constitue un métatexte, un discours sur le discours, le guide passera peu à peu à des sujets plus difficiles : la confiance sera définitivement installée, et il ne sera plus nécessaire de consacrer des lettres entières à l'*amicitia*.

Car il s'agit bien d'amener l'ami à la sagesse, et à la sagesse stoïcienne — celle des *nostri,* des nôtres, comme Sénèque se plaît à désigner les philosophes du Portique. Les grands principes et les grands noms du stoïcisme apparaissent en effet au fil des 124 lettres qui nous restent. On trouve tous les lieux communs de la doctrine : l'impassibilité et l'invulnérabilité du Sage face aux assauts de la Fortune, la nécessité de se délivrer des passions, l'éloge de la Raison qui fait de nous des êtres proches du Divin. Les pères fondateurs ne sont pas oubliés non plus. On rappellera les plus illustres figures, que le lecteur rencontrera à plusieurs reprises.

*Zénon de Citium* tout d'abord, l'initiateur du stoïcisme, qui enseignait à Athènes au IIIe siècle avant J.-C., à Athènes sous le portique — *stoa* — à qui l'école doit son nom. Son disciple *Cléanthe* (331-232 avant J.-C.) lui succéda et resta le chef de file durant trente et un ans. *Chrysippe* reprit le flambeau. Venu à Athènes en 260, il prit la place de Cléanthe en 232 : c'est lui qui, par ses nombreux écrits, fixa l'orthodoxie stoïcienne. Puis vinrent Panétius (185-109) et ses disciples Posidonius (135-50) et Hécaton, qui représentèrent ce qu'on appelle le stoïcisme moyen, par opposition au premier stoïcisme.

Sénèque connaît bien tout cela, de par les cours de philosophie qu'il suivit avec ardeur dans sa jeunesse et de par ses lectures multiples. Mais il n'est pas question pour lui de composer un manuel de philosophie stoï-

cienne à l'intention de son correspondant. Il n'a rien
d'un doctrinaire et sait prendre son bien là où il le
trouve (« Les conseils varient avec les événements »,
affirme-t-il au début de la lettre LXXXI). Il n'hésite
d'ailleurs pas à citer abondamment Épicure, père de
l'école rivale ! C'est un philosophe éclectique qui
compose les *Lettres à Lucilius*. « Tu vas peut-être me
demander, écrit-il dans la lettre VIII, pourquoi
j'emprunte si souvent de belles maximes à Épicure
plutôt qu'à nos philosophes. Mais pour quelle raison les
attribuer, selon toi, à Épicure et non pas les regarder
comme un bien public ? » Et s'il revient dans les
derniers livres à une position plus orthodoxe, jamais il
ne se transformera en austère professeur de philosophie
ni en subtil dialecticien. A bien des reprises, il expose
très clairement l'office du philosophe tel qu'il le
conçoit : « La philosophie n'est point un art fait pour
plaire à la foule ; elle n'est pas faite pour un vain
étalage ; ce n'est pas dans les mots, mais dans les choses,
qu'elle réside. Elle ne sert pas à tuer le temps ni à égayer
nos loisirs : elle forme l'âme, la façonne, règle la vie,
guide les actions, montre ce qu'il faut faire ou éviter ;
elle siège au gouvernail et dirige à travers les écueils
notre course agitée » (XVI). Dans la lettre XVIII, il brosse
un impressionnant tableau : « Veux-tu savoir ce que la
philosophie promet au genre humain ? Des conseils […].
A tous les discours, ils répondent tous, dans leurs
tourments : " Au secours ! " De toutes parts les mains
se tendent vers toi : ils succombent ou vont succomber,
et te supplient de leur apporter de l'aide ; tu es tout leur
espoir, toute leur richesse ; ils t'implorent de les arracher à ce terrible tourbillon et de les éclairer dans leur
errance avec la lumière de la vérité. […] La bonté ne
s'accommode que de la netteté et de la simplicité. Même
si nous avions encore beaucoup de temps à vivre, il
faudrait l'économiser, afin d'en avoir assez pour le
nécessaire. Quelle sottise, quand on en a si peu, de le
perdre en écoutant des leçons superflues ! » Ici, Séné-
que s'attaque aux pourvoyeurs de mots. Il ne s'agit pas

de donner de belles phrases creuses, mais de permettre de vivre à celui qui souffre ou du moins cherche la voie du Bien. Autant que possible, le « jargon » est épargné à Lucilius : on cherche moins à faire un stoïcien qu'à amener une âme de qualité à la sagesse, c'est-à-dire à discerner les vraies valeurs, à vivre selon la Raison, qui doit guider notre âme vers la contemplation de la Nature, donc du Divin (XCII). Pour cela, il convient de se détacher du plaisir dont les épicuriens font l'apologie (Sénèque n'oublie tout de même pas d'égratigner son « adversaire » !). L'être qui vit pour le plaisir, « les sons, les saveurs, les couleurs », n'est même pas digne du nom d'homme. La bonne santé même appartient aux « indifférents », aux choses qui ne sont pas bonnes *en soi* mais seulement d'après le choix qu'on en fait, la manière dont on en use. De même, la culture ne possède aucune valeur propre : les arts libéraux, face à la philosophie de la Sagesse, ne sont pas essentiels (LXXXIII) : « Tu désires connaître mon sentiment sur les " arts libéraux ". Pour moi, aucun n'a de valeur, aucun n'est à mettre au rang des biens, parce que tous ont l'argent pour fin. [...] Le chemin de la vertu nous est-il facilité par la connaissance des lois de la scansion, par l'art de choisir les mots, par les récits mythologiques, par l'apprentissage des principes de la métrique ? Qu'est-ce qui dans tout cela délivre de la crainte, éteint les désirs, réfrène les passions ? » Non, la vraie connaissance est celle qui nous permettra de découvrir la Nature et de vivre en harmonie avec elle.

Mais surtout, elle nous délivrera de la crainte de la mort. Là est la grande question. Sénèque sait que sa fin est proche : il est vieux, malade et en disgrâce : chaque lettre témoigne de sa méditation quotidienne sur le terme inévitable, « port qu'il faut parfois souhaiter, jamais refuser » (LXX). Le supplice auquel le vrai philosophe doit arracher les hommes, c'est cette angoisse : tout son enseignement doit tendre à les persuader que la mort n'est nullement redoutable, pas plus que la maladie (LXXVIII) qui peut la précéder.

Pourquoi craindre un état où l'on ne sentira plus rien, et qui peut-être permettra finalement aux âmes d'élite de se retrouver entre elles ? D'ailleurs, il est parfois du devoir d'un sage de se donner la mort, lorsqu'il ne peut plus continuer de vivre en homme libre : le suicide est « une porte ouverte en permanence sur la liberté ». Après tout, il n'est pas nécessaire d'avoir recours à l'exemple de Caton : un simple gladiateur n'a-t-il pas su montrer ce courage suprême ?

Pour faire partager toutes ses découvertes à Lucilius, Sénèque devra se montrer pédagogue. Et c'est peut-être là l'aspect le plus intéressant de ces lettres. Car si le philosophe doit être le « pédagogue du genre humain », le Sénèque des *Épîtres* doit être d'abord le pédagogue d'un seul élève, auquel il donne, par force, un « enseignement à distance »... Le mot prend d'ailleurs ici toute sa force : l'auteur conduit son destinataire par la main, Lucilius étant un adolescent dans le domaine de la sagesse. Le chemin est parfois ardu (XCII) mais grâce au maître il s'aplanira peu à peu. On voit ici la différence fondamentale qui sépare la correspondance de Sénèque de celle de Pline dont on se plaît à la rapprocher. Pour mieux la comprendre, il suffira de comparer la lettre XLVII aux épîtres V, 19, ou VIII, 16 de Pline. Toutes deux portent sur l'esclavage. Mais alors que Pline utilise des cas particuliers, des anecdotes, pour montrer à son destinataire combien il aime ses esclaves, combien il est sensible à leurs souffrances, quel bon maître il est, humain avant tout, Sénèque appelle Lucilius (et à travers lui les citoyens dans leur ensemble) à traiter ses esclaves comme des hommes, comme des amis parfois (« ne cherche pas d'amis au forum seulement, mais aussi dans ta propre maison »). Et il conclura en affirmant que tel « esclave » est plus libre intérieurement que tel maître jouissant pourtant d'une belle position sociale mais asservi à ses passions. Alors que les lettres de Pline se replient sur « ego », celle de son aîné est tournée vers « tu » (Lucilius et les autres). C'est ce qu'on pourrait définir, en reprenant la terminologie de Jakobson, le passage de la fonction émotive à la fonction conative...

À regarder la composition même du recueil, on comprend qu'un souci pédagogique anima le maître en permanence. On pourrait en donner le plan suivant :

Livres I-III, lettres i-xxix : exhortation à la philosophie.
Livres IV-V, lettres xxx-lii : comment bien étudier la philosophie.
Livres VI-XIII, lettres liii-lxxxviii : du souverain Bien.
Livres XIV-XX, lettres lxxxix-cxxiv : philosophie morale.

Les lettres les plus ardues, les réflexions les plus strictement « philosophiques » sont réservées à la dernière section. C'est d'ailleurs dans cette partie que Sénèque revient à une certaine orthodoxie, alors que les premières lettres se terminent toutes par une maxime que l'écrivain appelle plaisamment sa « dette » (xxix) et qui presque toujours est empruntée à Épicure, c'est-à-dire aux premières amours de Lucilius... On reconnaît l'habileté du pédagogue avisé ! Certes, Sénèque ouvre chaque jour « son Épicure », qu'il apprécie et qui, dit-il, aurait pu être l'auteur de telle phrase écrite par Stilpon, ancêtre du stoïcisme (ix) ; mais il sait que l'élève ne doit pas être pris à rebrousse-poil, mais au contraire avec douceur : nous en revenons à cette écriture d'amitié, dont il s'agira maintenant d'analyser les bienfaits philosophiques.

Comme tout bon ami, Sénèque n'hésite d'ailleurs pas, quand cela est nécessaire, à faire des remontrances, à être parfois un peu brutal : « Aujourd'hui tu m'aimes, mais tu n'es pas mon ami. [...] Étudie donc la sagesse, ne serait-ce que pour apprendre à m'aimer ! » (xxxv). Ou bien ce début ironique de la lettre xlii : « Cet homme-là a pu te persuader qu'il est un homme de bien ? Le devenir si vite, ce n'est pourtant ni possible ni compréhensible ! »

Mais, bien plus souvent, le professeur félicite son élève, et c'est pour celui-ci en même temps que pour nous un moyen de constater les progrès accomplis. L'introduction de la lettre xxxiv est écrite par un maître enthousiaste : « Je reprends des forces, j'exulte et je suis tout réchauffé malgré la vieillesse, chaque fois que dans tes actes et dans tes écrits je vois combien tu t'es surpassé toi-même car la foule, tu l'as laissée derrière toi depuis bien longtemps. » En commençant sa 124e lettre (la dernière) il saura encore complimenter Lucilius, et la nature de ce compliment nous montre le chemin parcouru en quelque trois années : « Tu ne te dérobes pas et aucune subtilité ne te déroute : la distinction de ton esprit ne t'empêche pas de t'intéresser à autre chose qu'au grand. Je t'approuve !... » Ces remarques initiales constituent elles aussi un métatexte, le journal d'une éducation.

Pour former son disciple, Sénèque n'hésitera jamais à partir du concret le plus quotidien. C'est cela qui donne à ses développements une force supérieure à n'importe quel traité : la philosophie des *Lettres* est fondée sur les *realia* que le destinateur comme le destinataire côtoient chaque jour. La méditation suit l'anecdote, dont elle tire sa substance. Nous avons examiné plus haut l'exemple de la lettre xlvii consacrée à la question de l'esclavage : si au début l'auteur décrit avec un luxe de détails étonnant la situation d'un esclave au cours d'un banquet qui pourrait être celui du Trimalchion de Pétrone, c'est-à-dire de plus d'un homme en vue sous le règne de Néron, puis des scènes dignes de Juvénal, où l'on voit un jeune noble se faire esclave d'une pauvre vieille ou un riche maître laissé sur le seuil de la *domus* de son ancien esclave, c'est pour en arriver finalement à une réflexion approfondie sur la nature du véritable esclavage — celui des passions bien sûr ! On pense aussi à mainte lettre dont le début met en scène Sénèque lui-même, ici se fâchant à tort contre un régisseur qui n'est nullement responsable du délabrement d'une maison de campagne (xii), là aux prises avec une mer démontée sur laquelle il s'est embarqué à la légère. De telles anecdotes engendrent de longues méditations sur la mort. Et ces saynètes, où le maître de sagesse montre humblement qu'il n'est pas encore arrivé au bout du chemin, sont d'une portée infiniment supérieure aux *exempla* obligés que le stoïcien Sénèque convoque régulièrement — Caton en tête, derrière lequel se placent Scipion et Mucius Scaevola. Le professeur-ami n'est pas l'une de ces statues, mais un être vivant, toujours en recherche : à travers son écriture il offre son expérience toujours renouvelée, bref, son propre corps, cadavérique, certes, mais habité d'une chaleur, d'un mouvement qui se mettent au service de la philosophie. Sénèque d'ailleurs n'a-t-il pas ressenti le besoin de donner vie à des personnages habités par la passion et ressemblant à ces naufragés qui appellent le philosophe au secours ? Phèdre, Médée, Œdipe eux aussi témoignent du désir qu'avait leur créateur de ne pas réserver la Philosophie aux traités, mais de la faire charnelle !

Le corps de cet enseignement si vivant est une langue fortement imagée, qui révèle un goût prononcé de la formule frappante — *clara sententia*. L'âme, la raison du destinataire sont touchées par l'intermédiaire de l'imagination qu'excite l'image. Choisissons quelques exemples parmi tant d'autres : « Tu quittes à contre-cœur le marché que tu as vidé de ses victuailles », dit-il à celui qui refuse de mourir après une vie de plaisirs (LXXVII). « Il est bien tard pour épargner, quand on est arrivé au fond du tonneau : ce qui reste de vin, c'est très peu, et c'est la lie ! » (I) : ainsi Sénèque conclut-il son exhortation à bien user du temps ; « cette vertu divine aboutit à la fange : à la partie supérieure de l'homme, vénérable et céleste, on relie un animal grossier et alangui » (XCII) : Sénèque répond par cette vision monstrueuse aux épicuriens qui subordonnent l'âme au corps ; ou encore ceci : « On ne peut perdre beaucoup d'un liquide qui tombe goutte à goutte (= la vie). » Sénèque eut un père rhéteur, ne l'oublions pas, et s'exerça très tôt à l'éloquence dans les écoles de rhétorique qu'il fréquenta dès son arrivée à Rome. Ses écrits philosophiques seront toujours imprégnés de ce goût de l'image brillante, percutante, et du trait acéré. La réflexion sera toujours étayée par les fleurs de la rhétorique — chiasmes, anaphores, asyndètes, antithèses, interrogations et exclamations oratoires... Le philosophe connaît par ailleurs très bien toute la littérature grecque et latine : il fait très souvent appel aux poètes, et particulièrement à « notre Virgile » dont il aime à citer l'*Énéide*, comme Platon citait l'*Iliade* et l'*Odyssée*. Si les arts libéraux ne sont pas indispensables, la parole du poète est citée comme un oracle...

Comme on le verra dans le dossier qui clôt cette édition, Quintilien, illustre professeur de la fin du I$^{er}$ siècle, critiqua vivement le style de notre auteur, lui reconnaissant le talent, mais lui déniant le goût. Certes Sénèque ne fut pas exempt de fautes et se laissa parfois aller à l'emphase, voire à la boursouflure : il n'en est pas moins vrai que les *Lettres* restent un modèle de par la vivacité de leur style, soutenue par une imagination qui n'est jamais prise en défaut. A ce propos, il est amusant de lire le jugement de Malebranche, qui lui aussi reproche à Sénèque son penchant pour l' « oblique », mais d'un point de vue tout à fait différent : « Il faut bien distinguer la force et la beauté des paroles de la force et de l'évidence des raisons. Il y a sans doute beaucoup de force et quelque beauté dans les paroles de Sénèque, mais il y a très peu de force et d'évidence dans ses raisons. Il donne par la force de son imagination un certain tour à ses paroles qui touche, qui agite, qui persuade par impression ; mais il ne leur donne pas cette netteté et cette lumière pure qui éclaire et qui persuade par évidence. Il convainc parce qu'il émeut et parce qu'il plaît. » Sénèque n'a-t-il pas affirmé lui-même qu'au sage correspondait un style réglé, de même que l'homme dissolu ne pouvait avoir qu'un style corrompu (CXIV) ?

Mais lorsqu'on analyse l'écriture de Sénèque, il ne faut jamais oublier qu'il s'agit de lettres, et donc d'un

dialogue qui s'établit à distance entre les deux correspondants (cet éloignement engendrant, comme nous
l'avons vu plus haut, un sentiment d'urgence, un désir
plus fort de l'autre et de convaincre l'autre). Sénèque
méditant sur la mort, sur les passions, sur l'amitié,
s'adresse à un destinataire précis — et non fictif, ainsi
qu'on l'a parfois soutenu — qu'il doit convaincre avec
ses seules lettres. Certes, la Sicile est bien éloignée de
Rome, et Lucilius ne « monte » pas souvent jusqu'à la
capitale ; mais qu'à cela ne tienne, le scripteur le
convoquera dans ses épîtres ! Oui, Sénèque recrée
Lucilius par les mots, en lui donnant la parole comme
s'il était avec lui, dans cette maison où il terminera sa
vie. Sans cesse, il imagine les objections de son ami et
les formule à sa place : « Mais, diras-tu... (*inquis*) » Ici,
le destinataire interrompt son maître un peu vivement,
pour s'étonner de ce qu'il perde son temps à des
discussions apparemment futiles : « Quel plaisir, vas-tu
me dire, trouves-tu à perdre ton temps dans ces
subtilités, qui ne te débarrassent d'aucune passion et ne
te délivrent d'aucun mauvais désir ? » (LXV). Là il glisse,
au milieu du récit de son interlocuteur, une remarque
naïve mais qui permettra au philosophe d'introduire son
sujet : « Mon boulanger n'a pas de pain ; il y en a chez
mon régisseur, chez mon concierge ou chez mon
métayer — Mauvais pain, diras-tu. Attends, il deviendra bon ! » (CXXIII). Ailleurs encore, il soulève une
objection en s'indignant presque : « Il ne faut pratiquer
la philosophie qu'avec calme et discrétion — Quoi,
diras-tu, Caton a-t-il, selon toi, été un philosophe
discret, quand il a condamné par son vote la guerre
civile ? » (XIV).

Cette présence permanente du « tu » dans le discours
du maître, sous la forme de l'incise *inquis* introduisant le
dialogue ou de la deuxième personne du futur ou du
subjonctif exhortatif, donne une extrême importance au
destinataire dans le déroulement de la lettre-leçon. On
pourra rétorquer, bien sûr, qu'il s'agit là d'un artifice :
Sénèque fait dire à son ami absent, comme ailleurs à des

interlocuteurs adversaires fictifs (voir le fameux « mais c'est un esclave » de la lettre XLVII), ce dont il a besoin pour sa démonstration. Soit. Mais ne s'agit-il que de cela ? Et même essentiellement de cela ? Lucilius n'est-il pas nécessaire à Sénèque comme Sénèque l'est à Lucilius ? Ainsi, regardons le début des lettres : combien de fois l'exposé du maître est-il motivé par une question de l'élève ? « Tu es inquiet, m'écris-tu, de l'issue d'un procès que t'intente un ennemi fou furieux, et tu comptes que je t'engagerai à te représenter les choses sous un meilleur jour et à te reposer sur une flatteuse espérance (XXIV). « Tu demandes un résumé de philosophie fait avec ordre et précision : je vais le composer... » (XXXIX). « Tu désires connaître mon sentiment sur les arts libéraux... » (LXXXVIII). « Pour quelles raisons, demandes-tu, le style s'est-il corrompu à certaines époques ?... » (CXIV). On voit bien que Lucilius regarde Sénèque comme ce que nous appellerions aujourd'hui un « gourou ». On voit aussi que l'interrogation du disciple donne naissance au texte et permet au maître d'approfondir une question. Si l'un est plus avancé que l'autre sur la voie de la sagesse, il profite de l'enseignement qu'il dispense pour arriver au but. L'écriture d'amitié établit donc un jeu de miroirs entre « tu » et « ego », entre le destinateur et le destinataire, au moyen duquel chacun va plus loin : grâce à son ami-disciple-correspondant, le philosophe le plus adulé de son temps va se connaître mieux lui-même. Débarrassé des entraves de la vie de Cour, réduit à la solitude et à une vie d'ascète, il garde l'essentiel — l'ami, que ce dépouillement extrême lui permet d'écouter. Le dialogue entre ego et tu devient donc dialogue entre ego et lui-même : ne vérifions-nous pas la belle proposition d'amitié fusionnelle que nous lisions dans les lettres initiales ? Écoutons l'émouvante confession contenue dans l'exorde de la lettre XXVII : « Je ne serai pas assez malhonnête pour soigner autrui, moi qui suis malade ! Mais me voici dans le même hôpital que toi, et avec toi je m'entretiens de notre mal commun et je t'offre mes remèdes. Tu dois m'écouter comme si je me parlais à moi-même : je t'accueille dans mon intimité la plus secrète et quand je fais appel à toi, *c'est avec moi* que je parle. » Certes, quelques jours plus tard, Sénèque transporté d'enthousiasme s'écriera : « Je te revendique : tu es mon œuvre. » Mais il affirme peu après : « Aujourd'hui j'exhorte un disciple qui s'approche du but à grandes enjambées et qui m'exhorte à son tour. »

Sénèque-Pygmalion regarde avec fierté la plus belle œuvre de sa carrière, qui est à la fois le nouveau Lucilius et le livre qui lui a permis ce renouvellement : les lettres et leur destinataire se confondent dans le mot *opus*. À ce couple vient s'adjoindre le scripteur lui-même, qui, nous l'avons vu, fait corps avec ses écrits : le grand œuvre réunit pour toujours Destinateur, Destinataire et Livre.

*Ita fac, mi Lucili, vindica te tibi… :* Sénèque réussit à convaincre Lucilius de se retirer dans l' « otium ». Mais sa propre retraite fut la période la plus féconde de sa création et lui donna l'occasion d'écrire son chef-d'œuvre, qui sans doute ne fut pas pour rien dans la manière exemplaire dont il accueillit la mort : il mit en application, ce jour d'avril 65, les leçons qu'il avait/s'était données depuis trois ans, ajoutant à son œuvre une digne postface qui parachevait le tout : sa vie avait fourni matière à ses écrits, ses écrits inspiraient le dernier acte de sa vie.

### La postérité des Lettres

Ces lettres ont toujours été et restent l'œuvre la plus lue de Sénèque. L'auteur lui-même, sans doute, les avait réparties en livres. Mais on lit chez Aulu-Gelle (qui donne par ailleurs des extraits d'une 125ᵉ lettre), au IIᵉ siècle après J.-C., que ces livres étaient au nombre de 22, alors qu'il ne nous en reste que 20. On peut donc en conclure que les lettres étaient déjà publiées du vivant de cet auteur. Sénèque lui-même ne songea-t-il pas à les éditer ? Le soin qu'il apporta à leur rédaction et surtout la prudence extrême avec laquelle il traite (ou plutôt évite) les événements contemporains nous le laisse supposer !

Mais si elles sont parvenues jusqu'à nous dans leur quasi-intégralité, c'est sans doute parce qu'elles furent de bonne heure adoptées par la communauté chrétienne qui trouva chez le philosophe païen bien des préceptes qu'une plume chrétienne eût pu écrire. Ainsi Tertullien, au IIe siècle, écrit-il « Seneca saepe noster » (Sénèque souvent des nôtres) ; Lactance, au IVe siècle, l'admire, et saint Jérôme dit « notre Sénèque ». Mais surtout, il y eut l'affaire Sénèque-saint Paul ! Il s'agit d'une légende qui eut la vie dure, selon laquelle saint Paul, qui se trouvait à Rome en 61-62, aurait été en relation avec Sénèque ; celui-ci aurait consigné dans les *Lettres* la morale apprise du chrétien. D'ailleurs, on aurait retrouvé 14 lettres qu'ils auraient échangées. En fait, sur les 8 attribuées à Sénèque, aucune ne saurait être de sa main : le style ne rappelle en rien celui que nous connaissons. En outre, pourquoi Sénèque aurait-il écrit à Paul, en admettant qu'il pût le connaître, ou même avoir entendu parler de lui, ce qui est plus que douteux ? Sénèque n'est définitivement pas chrétien, mais les chrétiens sont peut-être « sénéquiens »...

La postérité de ces lettres, c'est peut-être Sénèque qui en donna la plus belle définition en prévoyant il y a vingt siècles ce qui se vérifie encore aujourd'hui : « C'est l'étude qui fera de toi un homme illustre et renommé [...]. Écrivant à Idoménée, Épicure lui dit ceci : " Si tu atteins la gloire, mes lettres feront plus pour ta notoriété que toutes ces grandeurs que tu recherches et pour lesquelles tu es recherché ". [...] Ce qu'Épicure put promettre à son ami, je te le promets, Lucilius : j'aurai la faveur de la postérité : je peux emmener avec moi des noms auxquels je donnerai la survie » (XXI).

La présente édition ne voudrait être qu'une humble confirmation de ce fier propos.

Nous avons suivi parallèlement le texte de l'édition Garnier et celui des Belles-Lettres — ce dernier étant généralement plus satisfaisant, si la traduction en est souvent lourde. De même qu'à la composition de ce

recueil a présidé un (difficile) choix, de même nous
avons parfois, au sein d'une lettre, opéré certaines
coupures : Sénèque n'évite pas les répétitions, et nous
avons essayé de donner de cette œuvre, à l'intérieur des
limites imposées par les impératifs de notre collection,
une image qui ne fût pas trop infidèle.

## INDICATIONS BIBLIOGRAPHIQUES

Pierre GRIMAL, *Sénèque ou la conscience de l'empire*, Les
   Belles-Lettres.
Italo LANA, *Analisi delle* Lettere a Lucilio, Giappichelli,
   Turin.

# CHRONOLOGIE

| | |
|---|---|
| **4 av. J.-C.** | Naissance de Sénèque à Cordoue. |
| **14 ap. J.-C.** | Mort d'Auguste. Sénèque est à Rome : il suit les leçons du pythagoricien Sotion et du stoïcien Attale. |
| **37-41** | Sénèque acquiert une place enviable parmi l'élite romaine. Il écrit la *Consolation à Marcia* (39-40) et le *De ira* (41). |
| **41** | Caligula est assassiné. Claude lui succède ; Messaline, sa femme, intrigue contre Sénèque et le fait exiler en Corse. |
| **41-49** | Sénèque est malheureux dans ce pays sauvage. Il écrit la *Consolation à Helvia* (42) mais aussi la *Consolation à Polybe,* affranchi de Claude qu'il flatte de manière éhontée. |
| **49-50** | Agrippine le fait rappeler à Rome. Elle le fait nommer préteur puis le désigne comme précepteur de son fils Néron. Il compose le *De brevitate vitae*. |
| **54** | Il écrit le *De tranquillitate animile*. Le 13 octobre, on annonce la mort de Claude et l'avènement de Néron. Sénèque compose *L'Apocoloquintose* (métamorphose de Claude en citrouille). |
| **55** | Britannicus est assassiné. Composition du *De constantia sapientis*. |
| **56** | Sénèque est consul. *De clementia.* |
| **58** | Liaison de Néron avec Poppée. *De vita beata.* |
| **59** | Assassinat d'Agrippine. *De beneficiis.* |
| **62** | Mort de Burrus. Néron épouse Poppée. Sénè- |

|  |  |
|---|---|
|  | que écrit le *De otio*. Il se retire de la Cour. |
| **Juillet 62** | Début des *Lettres à Lucilius*. |
| **63** | *De providentia. Quaestiones Naturales.* |
| **65** | Conjuration de Pison contre Néron. Elle est découverte, et Sénèque, compromis, reçoit l'ordre de s'ouvrir les veines. Le poète Lucain, son neveu, devra lui aussi se donner la mort. |

# LETTRES À LUCILIUS

## (Extraits)

# I. LES RELATIONS HUMAINES : L'AMITIÉ, L'ESCLAVAGE

Lettres III ; VI ; IX ; XLVII

# LETTRE III

## COMMENT CHOISIR SES AMIS

Tu as chargé, m'écris-tu, un de tes amis de me transmettre tes lettres. Tu me demandes ensuite de ne pas m'entretenir avec lui de tout ce qui te concerne, pour cette raison que tu n'as pas l'habitude de le faire toi-même. Voilà donc que dans la même lettre tu lui accordes et lui retires à la fois le titre d'ami. Tu emploies ce mot comme un terme banal, et tu appelles cet homme ton ami comme nous donnons à tous les candidats la qualité d' « hommes honorables[1] », et comme nous saluons ceux que nous croisons, si leur nom ne nous revient pas, en les appelant « Monsieur ». Passe encore pour cela ! Mais si tu regardes un homme comme ton ami sans avoir en lui autant confiance qu'en toi-même, tu te trompes lourdement et n'as qu'une vague idée de la valeur de la véritable amitié.

Avec ton ami, tu dois aborder tous les sujets. Mais le premier sujet de tes réflexions, ce doit être ton ami lui-même. Après avoir accordé son amitié, il faut avoir confiance ; c'est avant qu'il faut porter un jugement. On renverse l'ordre naturel de ses devoirs, quand on juge après avoir donné son amitié au lieu de donner son amitié après s'être fait une opinion (Théophraste nous

---

1. Les candidats recommandés aux suffrages recevaient souvent cette appellation (*dominus* dans le texte latin).

prescrit d'ailleurs la démarche inverse[1]). Réfléchis longuement pour savoir si tu dois choisir quelqu'un pour
ami. Mais quand ta décision est prise, aime-le de tout
ton cœur : entretiens-toi aussi librement avec lui qu'a-
vec toi-même. Certes, il faudrait que tu vives de façon à
pouvoir confier à ton ennemi tout ce que tu te confies à
toi-même ; mais dans la mesure où par habitude nous
avons certains secrets, c'est avec ton ami que tu dois
partager tous tes soucis, toutes tes pensées. Si tu le crois
fidèle, tu le rendras tel : nous apprenons parfois aux
autres à nous tromper en craignant de l'être, et par
notre défiance nous leur donnons le droit de nous trahir.
Pour quelles raisons garderais-je pour moi un seul mot
en présence de mon ami ? Allons ! Pourquoi devant lui
ne pas me conduire comme si j'étais seul ? Certains
racontent au premier venu ce qui ne devrait être confié
qu'aux amis, et se déchargent dans n'importe quelles
oreilles de ce qui leur brûle la langue. D'autres au
contraire redoutent de se laisser aller même avec leurs
amis les plus chers et, tout comme s'ils ne pouvaient
eux-mêmes être leurs propres confidents, refoulent au
fond de leur âme tous leurs secrets. Il faut rejeter l'une
et l'autre de ces attitudes : c'est une faute de ne faire
confiance à personne comme de faire confiance à tout le
monde ; je dirai que, dans un cas on se conduit de
manière plus sûre, dans l'autre de manière plus honnête[2].

De même, il faut blâmer ceux qui ne savent rester en
place comme ceux qui ne connaissent que l'oisiveté. Se
plaire dans le tumulte, ce n'est pas faire preuve d'activité, mais d'une agitation forcenée ; et juger tout

1. Disciple et successeur d'Aristote. Le précepte en question a été
transmis par Plutarque.
2. On pense aux pages consacrées par Montaigne à l'amitié : « Ce
que nous appelons ordinairement amis et amitiés, ce ne sont qu'ac-
cointances et familiarités nouées par quelque occasion ou commodité
par le moyen de laquelle nos âmes s'entretiennent. En l'amitié de quoi
je parle, elles se mêlent et se confondent l'une en l'autre d'un mélange
si universel qu'elles effacent et ne retrouvent plus la couture qui les a
jointes » (I, 28. De l'amitié).

mouvement pénible, ce n'est pas vivre dans le repos, mais dans la mollesse et dans la langueur. C'est pourquoi je te confie cette pensée que j'ai lue chez Pomponius[1] : « Certains se sont tellement enfoncés dans les ténèbres qu'ils prennent pour du trouble tout ce qui se passe au grand jour. » Il faut arriver à un équilibre : l'adepte du repos doit agir, et celui de l'action doit se reposer. Prends conseil auprès de la nature : elle te dira qu'elle est tout à la fois l'auteur du jour et de la nuit. Adieu.

---

1. Lucius Pomponius : il vécut au premier siècle avant J.-C. et composa des atellanes (petites pièces de théâtre bouffonnes) et des togatae (pièces à sujet romain, contrairement à la palliata qui traitait des sujets grecs).

# LETTRE VI

## LA SAGESSE SE PARTAGE
## AVEC UN AMI

Je le sens, Lucilius, non seulement je me corrige, mais je deviens un autre ! Je ne saurais affirmer ni espérer que rien ne reste à changer en moi : j'ai encore beaucoup de qualités à acquérir ou à renforcer et de faiblesses à atténuer. Mais c'est déjà s'améliorer que de reconnaître ses défauts qu'on ignorait jusqu'alors. Certains malades reçoivent des compliments quand d'eux-mêmes ils prennent conscience de leur mal.

Je voudrais donc te faire partager le changement si soudain qui s'est opéré en moi : notre amitié alors m'inspirerait une confiance plus sûre ; ce serait l'amitié véritable, que ni l'espoir, ni la crainte, ni le souci de l'intérêt ne peuvent rompre ; celle qu'on emporte dans la mort et pour laquelle on peut mourir. Je pourrais te citer beaucoup d'hommes à qui a manqué non pas un ami, mais l'amitié. Cela ne peut arriver quand une même volonté de rechercher le bien unit deux âmes. Et pourquoi donc ? Parce qu'elles savent qu'elles ont tout en commun, principalement le malheur.

Tu ne peux imaginer quels changements je sens s'opérer en moi jour après jour. « Fais-moi profiter, me diras-tu, de ce remède si efficace ! » Certes, je désire te le faire absorber tout entier, car si j'ai plaisir à apprendre, c'est pour enseigner ; aucune découverte ne saurait m'intéresser, aussi importante et utile fût-elle, si je dois être le seul à en bénéficier. Si on me donne la sagesse à la condition que je la garde pour moi sans pouvoir la transmettre, je la refuserai. Aucun bien n'est agréable à posséder si on ne peut le partager[1]. C'est pourquoi je vais t'envoyer les livres mêmes ; et, pour que tu ne perdes pas de temps à chercher page après page les préceptes qui te seront utiles, je te mettrai des marques qui te permettront de trouver tout de suite ce que j'approuve et admire.

Cependant, la conversation de vive voix te sera plus utile que l'exposé écrit. Il faut que tu te trouves face aux choses : d'abord parce qu'on accorde plus de confiance aux yeux qu'aux oreilles ; ensuite parce que avec les leçons le chemin est long, tandis que avec les exemples il est court et sûr. Cléanthe n'aurait pas redonné vie à Zénon, s'il l'avait seulement entendu[2] : il fut un de ses proches, il connut ses secrets, il put voir s'il vivait en accord avec sa doctrine. Platon, Aristote et toute la foule des philosophes qui devaient emprunter divers chemins[3], furent plus redevables à la façon de vivre de Socrate qu'à ses préceptes. Métrodore, Hermarque, Polyène, ne devinrent pas de grands hommes grâce à l'enseignement d'Épicure, mais grâce à sa fréquentation quotidienne[4]. Et dans cette affaire, je ne te sollicite pas

1. Cf. Lettre VIII, 2 : « Je travaille pour la postérité : c'est dans son intérêt que j'écris. Je confie à mes ouvrages des conseils salutaires qui sont comme des formules de remèdes efficaces : j'en ai éprouvé les bienfaits sur mes propres plaies qui ne sont pas encore tout à fait guéries, mais qui du moins ont cessé de s'étendre. Je montre aux autres le droit chemin, que j'ai connu tard après bien des errances épuisantes. »

2. Zénon de Citium fut l'initiateur du stoïcisme. Il écrivit trente-six livres, mais la plupart de ses œuvres sont perdues. Il enseigna à Athènes, sous le « portique » (stoa) qui donna son nom à sa doctrine. Il mourut dans cette cité en 265 avant J.-C. Cléanthe (331-251 avant J.-C.) fut le disciple du précédent et dirigea pendant plus de trente ans l'école stoïcienne.

3. En fait, Aristote naquit quinze ans après la mort de Socrate. Il s'agit plutôt de la querelle concernant la parenté intellectuelle de chacun de ces deux fils spirituels de Socrate.

4. Métrodore d'Athènes, Hermarque de Mitylène, Polyénus de Lampsaque furent les principaux disciples d'Épicure, au IIIe siècle avant J.-C.

seulement dans ton propre intérêt, mais aussi dans le mien : nous nous rendrons mutuellement les plus grands services. En attendant, puisque je te dois ma petite contribution journalière, je t'envoie cette phrase que j'ai eu aujourd'hui le plaisir de lire chez Hécaton[1] : « Tu me demandes, écrit-il, quel progrès j'ai fait ? Je suis devenu mon ami. » Grand progrès ! Il ne sera plus jamais seul. Sache-le, si tu as cet ami-là, tu as le genre humain pour ami. Adieu.

---

1. Philosophe grec stoïcien du I$^{er}$ siècle avant J.-C. Tous ses ouvrages sont perdus, mais on sait par Cicéron qu'il écrivit un traité sur les devoirs.

# LETTRE IX

## LE SAGE ET L'AMITIÉ

Épicure a-t-il raison de blâmer, dans l'une de ses lettres, ceux qui prétendent que le sage se suffit à lui-même, et donc n'a pas besoin d'amis ? Voilà ce que tu désires savoir. Ce reproche est adressé par Épicure à Stilpon et à ceux qui considèrent une âme impassible comme le souverain bien. On rend inévitablement de manière ambiguë le mot « apatheia », si on veut le traduire par un seul mot pour être plus concis, celui d' « impassibilité ». On risque alors d'arriver au contraire de ce que l'on veut exprimer. Celui dont je parle, moi, c'est l'homme qui rejette toute sensation de douleur ; or on pourrait comprendre que je désigne un homme qui ne peut supporter aucune douleur. N'est-il pas, selon toi, préférable de dire « une âme invulnérable » ou encore « une âme placée hors d'atteinte de toute souffrance » ?

Voici la différence entre ces philosophes et les nôtres : notre sage triomphe de tout désagrément mais le ressent néanmoins ; le leur ne le ressent même pas. Nous avons pourtant ce principe en commun : le sage se suffit à lui-même, tout en souhaitant avoir un ami, un voisin, un compagnon. Vois jusqu'où peut aller cette indépendance, lorsqu'il lui arrive de se contenter d'une partie de lui-même ! Si la maladie ou la guerre lui fait perdre une main, si un accident le rend borgne ou aveugle, ce qui lui reste de son corps le satisfait[1] : avec son corps diminué et amputé, il sera aussi heureux que s'il l'eût gardé intact. Il ne regrette pas ce qui lui manque, même s'il eût préféré le conserver. Ainsi donc, le sage se suffit à lui-même ; je ne veux pas dire par là qu'il souhaite, mais qu'il peut se passer d'ami . Quand je dis « il peut », j'entends par là qu'il supporte cette perte avec constance. D'ailleurs, il ne sera jamais sans ami : il est en son pouvoir d'en retrouver un autre aussitôt. Si Phidias a perdu une statue, il en fera aussitôt une autre : ainsi notre sculpteur d'amitiés remplacera-t-il celle qu'il a perdue. Comment se fera-t-il si vite un nouvel ami ? Je vais te le dire, si tu m'accordes de te payer dès à présent ce que je te dois et, pour cette lettre-ci, de me tenir quitte[2].

Hécaton dit ceci[3] : « Je vais te montrer un philtre d'amour qui ne nécessite aucune préparation savante, ni herbes, ni la moindre incantation magique. Le voici : Si tu veux être aimé, aime ! » On trouve un grand plaisir à entretenir une amitié ancienne et fidèle, mais aussi à poser les fondations d'une amitié nouvelle. Entre le paysan qui sème et celui qui récolte, on trouve la même différence qu'entre celui qui s'est fait autrefois un ami et celui qui en trouve un aujourd'hui.

Le philosophe Attalus[4] disait quant à lui : « Il est plus doux de se faire un ami que de l'avoir déjà, comme il est plus doux pour un artiste de peindre un tableau que de l'avoir déjà peint. » Absorbé par son travail, il trouve dans les soucis même qui y sont liés un grand plaisir. Le peintre qui s'éloigne d'une œuvre achevée n'a plus la même joie : désormais, il jouit du fruit de son art, alors qu'en peignant il jouissait de cet art même. Regarde l'enfant devenu adolescent : il a certes des capacités plus

1. On pense à l'exemple de Mucius Scaevola que Sénèque rappelle à plusieurs reprises (cf. lettres XXIV et LXVI).
2. Sénèque a coutume de terminer ses lettres par une citation édifiante empruntée à un philosophe, qu'il désigne plaisamment comme une dette.
3. Hécaton de Rhodes, philosophe stoïcien du Iᵉʳ siècle avant J.-C., disciple de Panétius.
4. Attalus, philosophe de l'école stoïcienne, fut un des maîtres de Sénèque.

grandes, mais il nous inspirait plus de tendresse naguère.

Mais revenons à notre propos. Le sage, même s'il se suffit, aime pourtant avoir un ami, ne serait-ce que pour mettre l'amitié en pratique et ne pas laisser une si belle vertu inemployée. Il ne s'agit pas pour lui, comme le prétend Épicure dans cette même lettre, d'avoir quelqu'un qui puisse veiller sur lui en cas de maladie et le secourir s'il est prisonnier ou dans le besoin, mais au contraire de veiller lui-même sur son ami si celui-ci est malade ou de le tirer de la prison où il aura été jeté par l'ennemi. L'égoïste qui contracte une amitié dans une telle perspective se trompe. Cette amitié-là finira comme elle a commencé. Si on prend un ami pour être tiré de ses chaînes, on le verra, au premier cliquetis, prendre la fuite. Ce sont des amitiés « de circonstance », comme on dit. L'ami choisi par intérêt ne plaira que tant qu'il sera utile. Aussi les hommes prospères sont-ils assiégés par une foule d'amis ; mais après un revers de fortune, autour d'eux, ce n'est plus que le désert : les amis s'enfuient quand ils sont mis à l'épreuve. Que d'exemples malheureux de gens qui s'éloignent par peur ou qui trahissent par peur. Il est fatal que ces amitiés se terminent comme elles ont commencé : quand on choisit un ami pour ce qu'il peut nous apporter, on doit un jour sacrifier l'amitié à un avantage qu'on a mis au-dessus de l'amitié elle-même. Quel est mon but, quand je m'engage dans une amitié ? Avoir un être pour qui donner ma vie, un être que je suivrai jusqu'en exil, que je défendrai de toutes mes forces contre la mort. La relation que tu me décris, c'est du commerce, et non une amitié ; on n'y cherche que son avantage, on n'y voit que le gain qu'on en retirera.

Sans aucun doute, l'amour n'est pas sans ressemblance avec l'amitié : on pourrait dire que c'est une amitié prise de folie. Or, aime-t-on par appât du gain ? par ambition ? par désir de gloire ? L'amour se suffit à lui-même et ne s'occupe de rien d'autre. C'est ainsi qu'il enflamme les âmes du désir de la beauté, mû par l'espoir d'une affection réciproque. Comment accepter que d'un principe plus noble naisse un sentiment vil ? « Il ne s'agit pas, me diras-tu, de savoir si l'amitié doit être recherchée pour elle-même ou pour une autre raison. » Bien au contraire, c'est ce point qu'il faut avant tout établir : si c'est pour elle-même qu'il faut la rechercher, l'homme qui trouve en soi sa satisfaction peut y tendre. « Et comment donc ? » Comme vers la chose la plus belle, sans souci du profit, ni effroi devant les revers de fortune. On retire à l'amitié sa grandeur, quand on y voit un moyen de gagner quelque chose.

Le sage se suffit à lui-même : cet adage, mon cher Lucilius, on l'interprète le plus souvent de travers. Ce sage, on le repousse de partout et on le force à se réfugier dans sa coquille. Il faut bien distinguer le sens et les limites de cette pensée : le sage se suffit à lui-même pour vivre heureux, non pour vivre tout court ! Pour vivre en effet, il a besoin de bien des choses ; pour vivre heureux, il ne lui faut qu'une âme sensée, droite, et pleine de mépris pour les caprices de la Fortune. Je veux aussi te signaler la distinction établie par Chrysippe[1] : « Le sage ne manque de rien, déclare-t-il, et pourtant, il a beaucoup de besoins ; le sot, au contraire, n'a besoin de rien, parce qu'il ne sait se servir de rien ; en fait, il manque de tout. » Le sage a besoin de mains, d'yeux, de tout ce qui est nécessaire au quotidien ; il ne manque de rien, car manquer ressortit à la nécessité ; or rien n'est nécessaire pour le sage. Par conséquent, même s'il se suffit à lui-même, il a besoin d'amis. Il veut en avoir le plus possible, mais non pour vivre heureux, car il vivra heureux même sans amis. Le souverain bien ne cherche pas ses ressources à l'extérieur : c'est intérieurement qu'il se cultive ; il dépend tout entier de lui-même. Il se met à dépendre de la Fortune dès qu'il cherche au dehors un élément pour se constituer. Quelle sera alors la vie du sage s'il est jeté en prison, seul et sans amis, ou abandonné dans un pays étranger, ou retenu longtemps

---

1. Chrysippe, venu de Cilicie à Athènes en 260, succéda à Cléanthe à la tête de l'école stoïcienne.

en mer, ou bien encore échoué sur un rivage désert ?
Celle de Jupiter après la dissolution du monde et la
réunion de tous les dieux en un seul, quand la nature
arrête sa marche pour un petit moment : le dieu se
repose dans la solitude et se livre à ses réflexions. C'est
en quelque sorte ce que fait le sage : il se replie en lui-
même, il reste seul avec lui-même. Aussi longtemps
qu'il peut organiser sa vie à son gré, il se suffit. Il se
suffit et se marie ; il se suffit et a des enfants. Il se suffit
et pourtant, il ne vivrait pas s'il devait vivre sans
compagnie humaine. Ce qui le porte à l'amitié, ce n'est
pas son intérêt, mais l'instinct. La même douceur
naturelle que nous trouvons en certains autres sentiments nous porte à rechercher l'amitié et la compagnie
d'autrui. L'homme déteste la solitude et par nature va
vers son prochain ; il y a aussi en lui un aiguillon qui le
pousse à rechercher l'amitié.

Néanmoins, bien qu'il soit extrêmement attaché à ses
amis et qu'il leur accorde souvent la préférence lorsqu'il
se compare à eux, il limitera à sa propre personne le
territoire du bien ; ainsi, il reprendra les propos de
Stilpon [1], qu'Épicure harcèle de ses reproches dans l'une
de ses lettres. Sa patrie avait été envahie, ses enfants et
sa femme étaient morts, et après l'incendie de la ville il
restait seul, et pourtant heureux. Démétrius alors,
qu'on surnommait Poliorcète [2], du fait qu'il détruisait les
cités, lui demanda s'il avait perdu quelque chose. « Tous
mes biens, répondit-il, sont avec moi. » Voilà un
homme courageux et fort ! Il a vaincu jusqu'à la victoire
de son ennemi. « Non, dit-il, je n'ai rien perdu. » Il a
forcé Démétrius à douter de sa propre victoire. « TOUT
ce que j'ai est avec moi » : justice, vertu, sagesse et

1. Stilpon de Mégare (IIIᵉ siècle av. J.-C.) fut un des disciples
d'Euclide de Mégare, lui-même disciple de Socrate, qui fonda l'école
de Mégare. Stilpon fut le maître de Zénon.
2. Démétrius (337-283 av. J.-C.), surnommé « Poliorcète » (des-
tructeur des villes), fut le libérateur de la Grèce. Sa puissance inquiéta
les autres successeurs d'Alexandre, et il ne put garder que peu de villes
en Grèce et en Asie.

cette certitude même que rien de ce qu'on peut m'arracher ne constitue un bien. Nous admirons certains animaux qui traversent les flammes sans dommages : combien plus admirable est l'homme qui a traversé les batailles, les ruines et les brasiers, et en sortit sans blessures ni souffrances ! Tu vois qu'il est bien plus facile de l'emporter sur une nation tout entière que sur un seul homme. En disant cela, Stilpon parle comme le sage stoïcien : lui aussi emporte tous ses biens intacts à travers les villes réduites en cendres ; il se suffit à lui-même et c'est ainsi qu'il définit son bonheur.

Ne va pas croire que nous soyons seuls à proclamer de nobles pensées ; Épicure lui-même, qui adresse un blâme à Stilpon, est l'auteur d'un maxime qui aurait pu appartenir à ce dernier. Je l'offre à ta réflexion, même si pour aujourd'hui je suis déjà en règle avec toi : « Celui qui n'est pas satisfait de ce qu'il a, fût-il maître du monde entier, est un malheureux. » Peut-être préféreras-tu cette autre formulation (car ce n'est pas aux mots qu'il faut s'attacher, mais au sens) : « Malheureux celui qui ne se juge pas le plus heureux des hommes, fût-il maître de l'univers. » La preuve qu'il s'agit d'une vérité générale, dictée sans nul doute par la nature, c'est qu'on la trouve chez un poète comique :

« N'est pas heureux qui ne croit pas l'être [1]. »

Qu'importe en effet ta condition, si elle est mauvaise à tes yeux ? « Eh quoi ? vas-tu me dire ; cet homme dont la richesse est d'origine inavouable, qui est maître d'une foule d'esclaves, mais esclave de plus de maîtres encore, se dira heureux, et cette autoproclamation suffira à faire de lui un homme effectivement heureux ? » Non ; ce qui importe, ce n'est pas ce qu'il dit, mais ce qu'il ressent ; et non ce qu'il éprouve un seul jour, mais chaque jour. Il n'est pas à craindre qu'un bien aussi précieux ne tombe entre les mains d'un homme qui n'en est pas digne. Seul le sage est heureux de ce qu'il possède : la sottise est toujours malheureuse et dégoûtée d'elle-même. Adieu.

---

1. Vers de Publius Syrus, auteur de mimes.

# LETTRE XLVII

## IL FAUT TRAITER LES ESCLAVES
## AVEC BONTÉ

C'est avec plaisir que j'ai appris des gens qui arrivent de chez toi que tu vis avec tes esclaves comme en famille : voilà qui convient à ta sagesse, à ta culture. « Ce sont des esclaves ! » Non, des hommes... « Ce sont des esclaves ! » Non, des camarades. « Ce sont des esclaves ! » Non, des compagnons d'esclavage, si tu veux bien te rendre compte que la Fortune a autant de pouvoir sur nous que sur eux. Je ris donc de ceux qui trouvent scandaleux de partager son repas avec un esclave. Et pourquoi ? Simplement parce qu'un orgueil insigne a donné l'habitude aux maîtres de dîner parmi une foule d'esclaves restés debout.

Le maître, lui, mange plus qu'il ne contient ; poussé par un appétit insatiable, il charge et distend son estomac qui a désappris ses fonctions naturelles, si bien qu'il a plus de peine à rendre qu'à avaler. Mais les malheureux esclaves, eux, n'ont pas même le droit de remuer les lèvres pour parler. Le fouet est le châtiment réservé au moindre murmure ; même les bruits accidentels — toux, éternuements, hoquet — n'échappent pas aux représailles. Une peine sévère punit quiconque a troublé le silence : toute la nuit, sans manger, sans parler, ils restent debout. Ils parlent donc de leur maître, puisqu'ils n'ont pas le droit de parler en sa présence. Les esclaves d'autrefois, qui parlaient non seulement devant leur maître mais aussi avec lui, et dont la bouche n'était pas cousue, étaient prêts, eux, à offrir leur tête pour leur maître et à détourner un danger qui le menaçait sur leur propre personne. Ils parlaient au cours des banquets, mais se taisaient sous la torture. C'est ensuite le même orgueil qui nous fit proclamer cet adage : « Autant d'esclaves, autant d'ennemis. » Ils ne sont pas nos ennemis : c'est nous qui les rendons tels.

Je passe sur certains autres procédés cruels, inhumains, par lesquels nous les traitons non pas comme des hommes, mais comme des bêtes. Quand nous sommes couchés pour dîner, l'un essuie les crachats, l'autre ramasse, à genoux, les vomissements des convives qui ont trop bu, un autre encore découpe des volailles de choix et, du bréchet au croupion, sa main experte accomplit des gestes sûrs pour détacher les aiguillettes. Infortuné, qui ne vit que pour découper ces viandes selon les règles de l'art ! Mais celui qui enseigne cette technique en vue de son plaisir est encore plus malheureux que celui qui l'apprend par nécessité. Un autre, préposé au vin, est paré comme une femme : il lutte contre l'âge ; il n'arrive pas à sortir de l'enfance : on l'y ramène de force. Alors qu'il a déjà la carrure d'un soldat, il garde une peau lisse, rasée ou épilée. Il reste éveillé toute la nuit, qu'il occupe à satisfaire tantôt l'ivresse tantôt les désirs sexuels de son maître : il fait l'enfant dans la salle à manger, mais l'homme dans la chambre. On en trouve aussi un qui est chargé de recenser les convives[1] : il reste debout, le malheureux, et guette ceux que leurs flatteries, leur gourmandise immodérée ou leurs propos sans retenue feront réinviter pour le lendemain. Il faut ajouter à tout cela les intendants qui ont du palais de leur maître une connaissance approfondie : ils savent quel mets par sa saveur excite son appétit, quel autre ravit sa vue, quel plat peut par sa nouveauté le remettre d'aplomb quand il a des nausées, quel autre le dégoûte parce qu'il en est désormais rassasié, lequel enfin il désire aujourd'hui.

---

1. Des esclaves appelés *vocatores* ou *invitatores* établissaient une liste de convives à réinviter (« censura »).

Le maître, lui, ne supporte pas de dîner avec ces gens-là ; il estime que sa dignité se trouverait atteinte s'il se mettait à la même table qu'eux. Grands dieux ! Mais parmi ces esclaves, combien vont devenir maîtres à leur tour ! J'ai vu, debout sur le seuil de Calliste [1], son ancien maître : il lui avait attaché l'écriteau au cou [2], il l'avait exposé parmi les esclaves de dernière catégorie [3], et maintenant, tandis que les autres entraient, il était le seul à ne pas être reçu. L'esclave lui a rendu la pareille : rejeté jadis dans le premier lot, où le crieur se fait la voix [4], il l'a dédaigné à son tour, en ne le jugeant pas digne d'entrer dans sa maison. Ce maître avait vendu Calliste, mais que de faveurs Calliste ne vendit-il pas à son maître !

Veux-tu bien réfléchir à ceci : celui que tu appelles ton esclave est né de la même semence, jouit du même ciel que toi, respire comme toi, vit comme toi, meurt comme toi. Tu peux le voir libre comme lui peut te voir esclave. Lors du désastre de Varus [5], de nombreux fils de grande famille, qui entraient dans l'ordre sénatorial en faisant leur service militaire [6], furent terrassés par le destin : l'un devint berger, l'autre gardien d'une simple cabane... Va maintenant mépriser un homme pour sa destinée, qui peut devenir la tienne au moment même où tu la dédaignes. Je ne veux pas me lancer dans un exposé qui n'aurait pas de fin et disserter sur la manière

---

1. Calliste était un affranchi de Caligula et devint ministre des requêtes sous Claude. On ne sait qui fut son premier maître.
2. On suspendait au cou des esclaves un écriteau qui indiquait leur « spécialité » respective et permettait de définir leur valeur marchande.
3. Les esclaves étaient divisés en catégories. Le jour de la vente, on les rassemblait en différents lots, selon la catégorie à laquelle ils appartenaient.
4. Le premier lot est composé des esclaves de la moins bonne qualité : c'est sur lui que le crieur public se fait la voix.
5. En l'an 9 après J.-C., sous Auguste, Publius Quintilius Varus, général romain, fut massacré avec trois légions en Germanie.
6. Un décret d'Auguste avait permis aux jeunes gens qui avaient obtenu le grade de tribun militaire d'accéder à l'ordre sénatorial.

de traiter les esclaves, envers lesquels nous montrons tant d'orgueil, de cruauté, d'arrogance. Voici pourtant le résumé de ma doctrine : « Vis avec ton inférieur comme tu voudrais que ton supérieur vive avec toi. » Toutes les fois que tu penseras au pouvoir que tu as sur ton esclave, songe que ton maître en a autant sur toi. « Mais moi, vas-tu me dire, je n'ai pas de maître ! » Tant mieux, tu manges ton pain blanc : mais peut-être en auras-tu un plus tard... Ignores-tu à quel âge Hécube est devenue esclave ? Et Crésus, et la mère de Darius, et Platon et Diogène[1] ? Traite donc ton esclave avec bienveillance, avec affabilité même ; fais-le participer à tes conversations, à tes décisions, à ta vie quotidienne.

Ici, la troupe tout entière des élégants va me rétorquer en poussant de hauts cris : « Rien de plus bas, rien de plus ignoble que ce que tu proposes ! » Mais ce sont les mêmes que je surprendrai en train de baiser la main d'esclaves appartenant à d'autres. Vous ne voyez donc pas le soin qu'ont mis nos pères à éliminer tout ce qui suscite la rancœur contre les maîtres et tout ce qui peut avilir les esclaves ? Ils appelaient le maître « père de famille » et les esclaves « gens de la famille » (ce qui se pratique encore aujourd'hui... dans les mimes[2]). Ils instituèrent un jour de fête, qui n'était pas le seul où les maîtres mangeaient avec leurs esclaves, mais où ils leur permettaient aussi d'exercer des charges honorifiques de toute sorte à l'intérieur de la maison et d'y rendre la

---

1. Hécube était la femme de Priam et devint la captive des Grecs après la prise de Troie (voir les tragédies d'Euripide *Hécube* et *Les Troyennes*) ; Crésus, roi de Lydie, fut fait prisonnier par Cyrus, roi de Perse ; Sigygambis, mère de Darius, tomba entre les mains d'Alexandre après la défaite de son fils ; Platon, en Sicile, fut vendu par le tyran Denys à un Lacédémonien qui l'emmena à Égine où il fut libéré. Diogène fut, dit-on, pris et vendu par des pirates.
2. Les mimes étaient des pièces bouffonnes. Ce genre théâtral fut introduit vers la fin du IIIe siècle avant J.-C. et subsista jusqu'à la fin de l'Antiquité. Le texte n'avait guère d'importance, l'essentiel étant les gestes et la danse.

justice : ils firent ainsi de la maison une république en miniature [1]. « Quoi ? J'admettrais à ma table tous mes esclaves ? » Pas plus que tous les hommes libres ! Tu te trompes, si tu penses que je rejetterai des individus sous prétexte que leur besogne est plus grossière, un muletier par exemple, ou un bouvier : ce n'est pas sur leur emploi que je les jugerai, mais sur leur caractère. Le caractère, chacun se le donne à soi-même ; l'emploi, c'est le hasard qui l'impose. Invite les uns à dîner avec toi parce qu'ils en sont dignes, les autres pour les en rendre dignes : tout ce que la fréquentation des gens grossiers a laissé comme marques d'une condition servile, la société des gens distingués le fera disparaître.

Pourquoi donc, mon cher Lucilius, ne chercher un ami qu'au forum et au sénat ? Si tu fais bien attention, tu le trouveras aussi chez toi ! Souvent, un bon matériau reste sans emploi faute d'ouvrier : essaie, tente l'expérience. C'est un sot, celui qui, avant d'acheter un cheval, n'examine pas la bête elle-même, mais sa selle et son frein : encore plus sot celui qui évalue un homme d'après ses vêtements ou sa condition, qui n'est rien d'autre qu'un vêtement.

« C'est un esclave ! » Mais peut-être libre en son âme. « C'est un esclave ! » Devra-t-on le lui reprocher ? Montre-moi quelqu'un qui ne le soit pas : l'un est l'esclave des plaisirs charnels, l'autre de sa cupidité, un autre encore de son ambition, et tout le monde de l'espoir et de la crainte. Je pourrais citer un ancien consul esclave d'une petite vieille et un homme riche,

---

1. Il s'agit de la fête des Saturnales, qui commençait le 17 décembre, marquant le solstice d'hiver. Le premier jour était dédié à Saturne. Les jours suivants donnaient lieu à des réjouissances diverses. Les esclaves étaient traités par leur maître sur un pied d'égalité : ils avaient une entière liberté de langage et parfois même se faisaient servir à table par le maître. C'est aussi à cette occasion qu'on les libérait et qu'en reconnaissance de ce bienfait ils offraient à Saturne des anneaux de bronze.

d'une petite servante [1] ; je te montrerai des jeunes gens de très haute naissance asservis à des acteurs de pantomime [2] : nulle servitude n'est plus laide que la servitude volontaire. Voilà pourquoi ces délicats ne doivent pas t'empêcher de montrer de la bonne humeur à tes esclaves et non une hautaine supériorité : qu'ils te respectent au lieu de te craindre.

On va maintenant dire que j'appelle les esclaves à la révolte et que je renverse les maîtres du haut de leur piédestal, parce que je conseille le respect plutôt que la crainte [3]. « Alors vraiment, me demandera-t-on, il faudrait que les esclaves aient pour leur maître le respect que montrent les clients et les courtisans ? » Parler ainsi, c'est oublier que les sentiments dont se satisfait la divinité doivent suffire à un maître ! Être respecté, c'est être aimé aussi : or l'amour ne peut aller de pair avec la crainte. Tu as donc, à mes yeux, tout à fait raison de ne pas vouloir être craint par tes esclaves et de ne les punir que verbalement : les verges ne conviennent qu'aux animaux, qui sont privés de la parole. Tout ce qui nous heurte ne nous blesse pas vraiment : mais une vie faite de jouissance nous rend enragés, de sorte que tout ce qui ne répond pas à notre volonté provoque notre colère. Nous nous sommes drapés de sentiments de rois : eux aussi, sans plus songer à leur puissance ni à la faiblesse des autres, s'enflamment, se mettent en fureur,

---

1. Cette vieille lui laissera peut-être un héritage ? Ou bien s'agit-il d'une entremetteuse ? Sénèque se souvient ici de certains types de comédie. Quant à la petite servante, elle peut offrir ses propres charmes ou donner accès à ceux de sa maîtresse...

2. La pantomime comprenait du chant, un accompagnement musical et de la mimique. Le pantomime était l'acteur chargé de cette dernière ; son art, facile et même parfois obscène, avait à l'époque de Sénèque beaucoup de succès : les tragédies, elles, ne font plus guère l'objet que de lectures publiques auprès d'un cercle de lettrés. Les jeunes gens dont parle l'auteur sont des « fans » de ces acteurs, à moins qu'ils ne soient les amants de certains d'entre eux.

3. Le latin dit littéralement : « appeler les esclaves à prendre le bonnet », c'est-à-dire les inviter à demander leur affranchissement. Le *pileus* en effet était un bonnet conique en laine ou en feutre qu'on mettait sur la tête des affranchis.

comme s'ils avaient été outragés : or la grandeur de leur condition les met à l'abri d'un tel risque. Ils ne l'ignorent pas, mais saisissent en se plaignant une occasion de faire du mal ; ils prétendent être victimes de l'injustice pour la commettre eux-mêmes.

Je ne veux pas te retenir plus longtemps : tu n'as pas besoin d'encouragements. L'une des qualités de la vertu est qu'elle se plaît à elle-même et persiste ; une nature pernicieuse est inconsistante : elle se transforme sans cesse, non pour s'améliorer, mais pour changer. Adieu.

# II. LES LIVRES, L'ÉLOQUENCE

# LETTRE XL

## L'ÉLOQUENCE QUI CONVIENT
## AU PHILOSOPHE

Tu m'écris fréquemment, et je t'en remercie : tu te montres ainsi à moi de la seule manière possible. Jamais je ne reçois une lettre de toi sans me croire immédiatement en ta compagnie. Il nous est doux de regarder les portraits de nos amis qui sont loin : ils ravivent leur souvenir et atténuent le regret de leur absence en apportant une consolation par ailleurs vaine et illusoire ; mais quel plus doux réconfort que celui d'une lettre ! Elle nous apporte une trace concrète, un signe réel de l'ami absent : le plaisir suprême que nous éprouvons en le voyant, sa main qui a tracé les mots sur la lettre nous permet de le retrouver.

Tu as écouté, me dis-tu, une conférence du philosophe Sérapion [1] lors de son passage en Sicile ; tu ajoutes que son débit est d'une allure vertigineuse : il ne laisse pas couler les mots, mais les fait sortir de force et dans la bousculade ; il en vient plus qu'une seule voix ne saurait en prononcer ! Je n'approuve pas cette habitude chez un philosophe, dont l'éloquence doit être, comme sa vie, bien ordonnée ; or rien n'est en ordre, de ce qui se fait dans la précipitation et la hâte. C'est pourquoi Homère [2]

1. Sérapion est un philosophe inconnu.
2. Homère : *Iliade*, III, 222 : « Mais quand sa grande voix sortait de sa poitrine et lançait des paroles semblables aux flocons de neige, aucun mortel ne pouvait alors disputer contre Ulysse. » *Iliade*, I, 249 : « Nestor au parler agréable, le mélodieux orateur de Pylos. »

attribue à l'orateur ces phrases qui s'enchaînent sans discontinuer, tombant comme des flocons de neige : la parole du vieillard en revanche coule tranquille et plus douce que le miel. Sache bien que cette rapidité et cette abondance oratoire conviennent mieux au charlatan qu'au philosophe qui traite un sujet important et grave à l'intention de ses disciples. Je refuse d'ailleurs tout autant le goutte à goutte que les torrents ! Il ne faut obliger l'auditeur ni à tendre l'oreille ni à se la boucher ; cette pauvreté, cette maigreur, entraînent une diminution de l'attention, car l'assistance se fatigue d'un débit lent, émaillé d'interruptions. Pourtant, on retient plus aisément ce qu'on a attendu que ce qu'on doit saisir au vol. Enfin, les préceptes, dit-on, sont transmis aux disciples : on ne peut transmettre ce qui échappe.

Ajoute maintenant ceci : le discours qui a la vérité pour objet doit être simple et dépourvu d'afféterie. Cette éloquence populaire se moque du vrai : elle vise à émouvoir la foule et à entraîner dans son élan les oreilles mal avisées ; elle ne se laisse pas mener : on la prend de force.

Or comment pourrait-elle diriger autrui, quand elle ne sait se diriger elle-même ? En outre, un discours qui a pour but de guérir l'âme ne doit-il pas s'infiltrer profondément en nous ? Les remèdes qui ne séjournent pas un certain temps dans notre corps restent sans effet. Dans ce genre d'éloquence, beaucoup de vide et de fumée ! Plus de bruit que de véritable force ! Ce que j'attends, c'est qu'on apaise mes terreurs, qu'on calme mon excitation, qu'on dissipe mes illusions, qu'on réprime mes excès, qu'on vilipende mon avidité. Comment le faire dans la précipitation ? Quel médecin peut soigner ses malades en passant à leur chevet comme un éclair ? De plus, le fracas engendré par cette cascade de mots lancés au hasard ne procure même pas de plaisir. Il est bien des choses qu'on n'aurait pas crues possibles : il suffit, quand on les a vues, de savoir qu'elles existent ; de même pour ces causeurs : les avoir entendus une seule fois, c'est déjà beaucoup. Chez eux, qu'y a-t-il à apprendre ou à imiter ? Et que penser de l'âme de ces gens dont la parole embrouillée ne peut se maîtriser ? Quand on descend une pente à la course, on ne peut s'arrêter où l'on veut, car le corps lancé vers l'avant est entraîné par son propre poids et projeté plus loin qu'on ne le souhaiterait : de même, cette élocution rapide n'est pas en mesure de se maîtriser ; elle ne convient pas au philosophe, qui doit disposer soigneusement chacun de ses mots, sans se précipiter, pas à pas. « Quoi ? ne s'échauffera-t-il pas aussi de temps à autre ? » Pourquoi pas ? Mais à condition de conserver sa dignité, que cette violence excessive lui fait perdre. Sa force doit s'accompagner de modération : le courant doit être régulier et non torrentiel. C'est à peine si j'autoriserais chez un orateur ce débit rapide, que rien ne peut réfréner et dont le cours n'obéit à aucune loi. Comment donc un juge, qui peut être inexpérimenté ou incompétent, pourra-t-il le suivre, surtout au moment où il se laissera emporter par son goût de l'ostentation ou la fougue de ses sentiments ? Il ne doit pas imposer à ses auditeurs un rythme qu'ils ne peuvent suivre.

Tu fais donc bien de ne pas fréquenter les orateurs qui recherchent dans leurs discours la quantité et non la qualité : tu préféreras, si besoin est, aller même écouter P. Vinicius. Pourquoi lui ? Eh bien, selon Asellius, il a un débit « traînant ». Geminus Varius dit aussi de lui : « Comment pouvez-vous prétendre qu'il est éloquent ? Il ne peut aligner trois mots de suite. » Comment pourtant ne pas préférer l'élocution de Vinicius [1], quand bien même surviendrait un plaisantin tel que celui qui, l'entendant arracher ses mots un à un, lui cria : « Parle, ou tais-toi pour de bon ! » Mais la course folle de Quintus Hatérius, l'orateur le plus célèbre de son époque, est pour moi tout à fait

---

1. Publius Vinicius, Asellius et Geminus Varus étaient des rhéteurs contemporains.

étrangère au bon sens[1] ; jamais une hésitation, jamais une pause : une fois parti, il ne s'arrêtait plus avant la fin !

Il est vrai qu'un type d'élocution est plus ou moins acceptable selon les nations. Chez les Grecs on tolère cette licence ; mais nous, même quand nous écrivons, nous marquons la ponctuation. Notre grand Cicéron aussi, le père de l'éloquence latine, ne s'avançait que pas à pas. La langue latine s'observe davantage ; elle a conscience de sa valeur et s'offre à l'appréciation de l'auditoire. Fabianus[2], un homme remarquable tant par sa vie que par son savoir et — ce qui est moins important — par son éloquence, faisait ses dissertations avec plus d'aisance que de vivacité : on pouvait dire qu'il s'agissait chez lui de facilité, non de rapidité ! C'est cette éloquence-là que doit à mes yeux posséder un sage. Je n'exige pas que les phrases sortent de sa bouche sans jamais rencontrer d'obstacles, mais je préfère cependant une marche progressive à des flots ininterrompus. Je souhaite d'autant plus te détourner de cette véritable maladie, qu'on ne saurait en être atteint sans perdre en même temps toute pudeur : il faut être devenu inaccessible à la honte et renoncer à s'écouter soi-même. En effet, cette course inconsidérée laissera passer tant de bévues qu'on voudrait bien reprendre ensuite ! Non, ce défaut ne peut atteindre un homme qui a gardé quelque respect de soi. En outre, il faut s'exercer chaque jour, pour parler de cette façon, et se détourner des choses au profit des mots. Ces derniers, même s'ils sont en ta possession et viennent en abondance et facilement, il faut néanmoins les débiter à une allure raisonnable : le sage doit avoir une démarche modeste, de même qu'un langage précis et dépourvu de tout excès. En résumé, voici ma recommandation essentielle : parler lentement ! Adieu.

1. Hatérius était un avocat contemporain.
2. Papirius Fabianus, contemporain du père de Sénèque, à la fois orateur, juriste et philosophe.

# LETTRE XLVI

## SUR UN LIVRE DE LUCILIUS
## À SUJET PHILOSOPHIQUE

J'ai bien reçu le livre que tu m'avais promis. Dans l'intention de le lire tout à mon aise plus tard, j'ai voulu l'ouvrir pour en avoir un aperçu. Puis, charmé par ce que j'avais déjà lu, j'ai voulu aller plus loin ; pour que tu saches combien je l'ai apprécié, je te dirai qu'il m'a paru court bien que par son épaisseur il puisse à première vue passer non pour un ouvrage de toi ou de moi, mais plutôt pour une œuvre de Tite-Live ou d'Épicure[1]. Eh bien, j'ai été charmé et tenu en haleine au point de le dévorer jusqu'au bout, d'une seule traite. Le soleil m'invitait à sortir, la faim me tenaillait, les nuages menaçaient[2] : je suis pourtant allé jusqu'à la fin ! Cette lecture n'a pas été qu'un plaisir ; elle m'a donné une vraie joie. Quel talent dans ton œuvre ! Quelle intelligence ! Quel élan, dirais-je même, s'il y avait du moins alternance entre moments de relâche et moments de fièvre. Non, il ne s'agit pas d'élan, mais d'un cours uniforme, d'une composition forte et irréprochable. Néanmoins, on trouve par endroits de la douceur et, quand il le faut, de la suavité. Tu as de la grandeur, de la

---

1. *L'Histoire romaine* de Tite-Live était une œuvre monumentale, dont il ne reste que des extraits. L'œuvre philosophique d'Épicure était considérable : il n'en reste rien.
2. Quand le soleil brillait, la tentation était grande de sortir ; par la suite le soleil s'est fait menaçant : il fallait donc profiter des derniers moments qui précédaient la pluie.

noblesse : j'aime à te voir posséder ces qualités et marcher à cette allure. Le sujet y est aussi pour quelque chose : c'est pourquoi il faut toujours en choisir un qui soit riche, séduisant et stimulant pour l'esprit.

Je t'écrirai plus longuement à propos de ton livre quand je l'aurai relu ; pour l'instant, je ne saurais définitivement me prononcer : il me semble que je n'ai pas lu, mais entendu lire tes réflexions. Permets-moi d'approfondir mon examen. Tu n'as rien à craindre : je te dirai la vérité. Quel heureux homme tu es ! Personne n'a de raison pour te mentir de si loin... à moins que, en l'absence même de motifs, nous ne mentions encore par habitude.

# LETTRE LXXXIV

## IL FAUT LIRE ET ÉCRIRE ALTERNATIVEMENT

Ces déplacements, qui me font secouer ma paresse, profitent, selon moi, à ma santé et à mes travaux. Tu comprends pourquoi ils sont utiles à ma santé : mon amour des lettres me rend paresseux et me conduit à négliger mon corps ; je fais alors de l'exercice grâce aux efforts d'autrui [1]. Pourquoi profitent-ils à mes travaux ? Je vais te le montrer. Je peux continuer mes lectures. Or la lecture est à mon avis nécessaire : d'abord, elle m'empêche de me contenter de ma propre personne ; ensuite, lorsque je prends connaissance des recherches des autres, je peux juger de leurs découvertes et réfléchir sur ce qui reste à découvrir.

La lecture nourrit l'esprit ; et quand il est fatigué de l'étude, elle lui redonne des forces, non sans le mettre au travail, d'ailleurs. Il ne faut se borner à pratiquer ou l'écriture ou la lecture : l'une des deux activités fatigue nos forces et les mène à épuisement — je parle de l'écriture ; l'autre les détend et les repose. Il faut passer de l'une à l'autre et trouver un équilibre entre les deux : ainsi, tout ce que la lecture a recueilli, l'écriture le rassemblera dans une composition. Nous devons, comme on dit, imiter les abeilles : elles volent de fleur en fleur et choisissent celles qui leur permettent de faire le miel ; ensuite, elles disposent et répartissent dans les

1. Il s'agit de promenades en litière !

rayons tout ce qu'elles ont rapporté. Pour reprendre le
vers de notre grand Virgile : « Elles accumulent les
gouttes de miel, et remplissent les cellules de leur doux
nectar [1]. » En ce qui les concerne, on ne sait trop si elles
tirent des fleurs un suc qui devient aussitôt du miel, ou si
elles donnent cette saveur à leur récolte grâce à je ne
sais quel mélange auquel s'ajouterait une vertu propre à
leur souffle. Selon certains, elles ne savent pas faire le
miel, mais se contentent de le recueillir. On trouve,
expliquent-ils, chez les Indiens, du miel sur les feuilles
de roseau, qui pourrait être produit soit par la rosée que
donne le ciel de cette région, soit par un liquide sucré et
gras né du roseau lui-même ; chez nous aussi, les plantes
posséderaient cette propriété, mais à un degré moindre ;
et c'est ce produit que l'animal destiné à cette activité
rechercherait et collecterait. Pour d'autres, c'est grâce à
une alchimie particulière qu'elles transforment en miel
les éléments qu'elles ont tirés des fleurs les plus délicates
au meilleur moment, en utilisant une sorte de ferment
qui leur permet de condenser des particules diverses.

Mais ne perdons pas notre sujet de vue. Nous devons
imiter les abeilles, en mettant de côté tout ce que nous
avons récolté au cours de nos diverses lectures — car ce
qu'on sépare se conserve mieux. Puis, il faut appliquer
tous nos soins et toute notre intelligence à rassembler
ces multiples trouvailles pour leur donner une seule et
même saveur. Ainsi, même si l'on reconnaît l'origine, le
résultat aura néanmoins un goût différent : c'est ce que
la nature accomplit, sans aucun effort de notre part,
dans notre propre corps. Les aliments que nous absor-
bons nous pèsent, tant qu'ils gardent leur forme première et séjournent entiers dans l'estomac ; mais quand
ils se transforment, ils passent dans le sang et nous
donnent des forces. Faisons de même pour les nourritures spirituelles : ne laissons pas intactes celles que
nous avons absorbées, de peur qu'elles ne nous restent
étrangères. Digérons-les ; sans quoi, elles iront se loger

1. *Géorgiques* IV, 164.

dans la mémoire, non dans l'intelligence. Tâchons de les bien comprendre et faisons-les nôtres, afin que de la multiplicité naisse l'unité : de même un nombre naît-il de plusieurs autres, quand on les additionne entre eux. Notre esprit doit procéder à cette opération : il doit tenir secrets tous les éléments dont il s'est servi pour élaborer le résultat, qui seul doit apparaître au grand jour. Même si on trouve une ressemblance entre toi et l'auteur que tu as placé sur un piédestal, je veux que tu lui ressembles comme un fils et non comme un portrait : un portrait est une chose morte !

« Eh quoi ! ne devinera-t-on pas le modèle que j'ai pris pour le style, le raisonnement, les idées ? Non, cela est à mon avis tout à fait impossible, quand une intelligence supérieure a su marquer de son sceau la construction qu'il a élaborée à l'aide de matériaux empruntés. Pense au nombre de voix qui composent un chœur : lorsqu'elles chantent toutes ensemble, on n'entend pourtant qu'un son unique. Les unes sont aiguës, les autres graves, d'autres ont un registre intermédiaire. Les voix de femmes s'ajoutent à celles des hommes, et la flûte les accompagne ; les voix individuelles fusionnent pour ne laisser entendre que l'ensemble. Je parle là du chœur connu des anciens philosophes [1]. Dans les concerts actuels, il y a plus de chanteurs qu'il n'y avait autrefois de spectateurs dans les théâtres : tous les couloirs sont remplis de chanteurs, les gradins sont entourés de trompettistes, et sur la scène les flûtes et tous les autres instruments jouent ensemble : de ces sonorités diverses naît un accord harmonieux. Tel doit être notre esprit : abreuvé de connaissances, de préceptes, d'exemples empruntés à toutes les époques, mais réunis dans l'harmonie.

« Comment, me demanderas-tu, arriver à ce résultat ? » Grâce à une attention soutenue, et à la condition de ne rien faire sans s'appuyer sur la Raison. Si tu veux l'écouter, voici ce qu'elle te dit : « Renonce désormais à

---

1. Il s'agit du chœur de tragédie.

ce qui fait courir les hommes : renonce aux richesses,
qui constituent un danger ou une charge ; renonce aux
voluptés du corps ou de l'esprit : elles amollissent et
énervent ; renonce à l'ambition : il n'y a là qu'un vain
orgueil, du vent ! Elle ne connaît pas de limite,
s'inquiète de celui qu'elle voit devant elle comme de
celui qui est derrière elle, souffre de l'envie, et même
d'une envie double : quel malheur en effet d'être à la
fois envieux et envié ! Regarde les demeures des puis-
sants, dont le seuil est le théâtre d'une lutte sans merci
entre les clients venus saluer leur patron ; il faut subir
bien des affronts pour entrer, et plus encore une fois
entré[1] ! Gravis les escaliers des riches et passe par les
immenses terrasses, qui leur servent de vestibules : tu
ne te trouveras pas seulement au bord d'un précipice,
mais sur un terrain glissant ! Prends plutôt la voie de la
sagesse et va à la recherche des biens qu'elle offre, qui
sont sans éclat et pourtant considérables. Tout ce qui,
dans les affaires humaines, paraît avoir une position
dominante, même si la taille en est petite et ne
l'emporte que par comparaison avec ce qui rase le sol, il
faut prendre des sentiers difficiles et escarpés pour y
arriver. Le chemin qui mène au faîte des honneurs est
semé d'embûches. Mais si tu souhaites gravir le sommet
au pied duquel la Fortune s'est arrêtée, tu apercevras
tout en bas ce que tu mettais si haut : pourtant, c'est par
une route plane que tu atteindras ce point culminant.
Adieu.

---

1. L'image des clients avilis attendant d'être admis chez leur
« patron » est une image récurrente dans les *Lettres à Lucilius*. Voir
en particulier la lettre XLVII où l'on voit un patricien rester devant la
porte de son ancien esclave, devenu un homme riche et influent.

# LETTRE CXIV

## LA CORRUPTION DU STYLE NAÎT
## DE CELLE DES MŒURS

« Pourquoi, me demandes-tu, le style s'est-il corrompu à certaines époques ? Comment le talent a-t-il pu tomber dans certains travers, en mettant à la mode tantôt la boursouflure et le délayage, tantôt le rythme chantant qui casse la continuité du discours ? Pourquoi prise-t-on parfois les jugements hardis et suspects, parfois les sentences laconiques et sibyllines, incompréhensibles à la première écoute ? Pourquoi fut-il un temps où l'on s'arrogea le droit d'utiliser sans vergogne la métaphore ? En voici la raison ; tu l'entends fréquemment formuler, et chez les Grecs elle est passée en proverbe : « Tel style, telles mœurs ! »

Chacun parle comme il agit ; de même, le style est parfois à l'image des mœurs d'une époque. Si la constitution est en danger et que l'État s'abandonne aux voluptés, la mollesse du style est le signe du relâchement général, à condition toutefois qu'elle ne soit pas le fait de quelques individus, mais soit adopté par l'ensemble des citoyens.

Il ne peut y avoir une couleur pour l'intelligence et une autre pour l'âme. Si l'âme est saine, bien constituée, sérieuse, modérée, l'intelligence elle aussi est ferme et mesurée : quand l'une est gâtée, l'autre est aussi touchée par le mal. Regarde bien : quand l'âme languit, les membres se traînent et les pieds deviennent paresseux ; quand elle est efféminée, la mollesse apparaît dans la

démarche même ; quand elle est ardente et fière, le pas
s'élance à vive allure ; quand elle est en délire, ou, ce qui
ressemble au délire, en colère, le corps est perturbé
dans ses mouvements et, au lieu de marcher, il
s'emballe. Imagine alors le degré de contamination
auquel l'intelligence est soumise ! Tout entière liée à
l'âme, elle est façonnée par elle. Elle lui obéit, elle lui
demande sa loi.

Le mode de vie de Mécène est trop connu pour qu'il
faille ici décrire sa démarche, ses excès de raffinement,
son désir de paraître et ses vices qu'il étalait sans
vergogne [1]. Eh bien ! son style n'est-il pas aussi relâché
que sa tenue ? Ses phrases ne sont-elles pas aussi
voyantes que ses vêtements, son entourage, sa demeure,
sa femme ? Il aurait été un homme de grand talent, s'il
avait pris un chemin plus droit, s'il n'avait pas recherché
l'obscurité, s'il n'avait été mou jusque dans son style. Tu
verras donc le langage d'un homme ivre, un langage
obscur, titubant, truffé d'incorrections. Quoi de plus
laid que « ce fleuve et ces forêts, chevelure de la rive ;
vois comme ils labourent de leurs barques le lit de la
rivière et laissent, en balayant les eaux de leurs rames,
les jardins derrière eux » ? Et ceci : « Les tyrans, faction
implacable, scrutent les festoyeurs, soumettent les
familles à l'épreuve de la bouteille et souvent exigent
leur mort... » Ou bien encore : « Le génie domestique, qui à peine s'aperçoit qu'on le fête, le mince
fil d'une bougie ; la meule qui craque, le foyer, ce

---

1. Mécène était favori et ministre d'Auguste : à ce titre, il était
l'objet de bien des jalousies. On sait aussi qu'il fut le protecteur des
poètes, notamment d'Horace et de Virgile. Sénèque termine la lettre
XCII par un éloge inattendu de Mécène : « Mécène a écrit ce joli vers :
" Je ne me soucie pas d'avoir un tombeau : la nature ensevelit les
oubliés. " Tu croirais entendre un guerrier cuirassé. Cet homme avait
en effet l'âme grande et virile, s'il ne l'eût à plaisir relâchée. » Mais
dans la lettre CI, il cite des vers moins flatteurs : « Paralyse ma main !
paralyse mon pied, rends-moi boiteux ou bossu, fais chanceler mes
dents : pourvu que la vie me reste, tout va bien ! Laisse-la-moi, dussé-
je être fixé à une croix. »

sont là les charges de la mère ou de l'épouse[1]. »

A la lecture de ces lignes, ne te viendra-t-il pas aussitôt à l'esprit qu'il s'agit de l'homme qui se promenait en ville toujours habillé n'importe comment (même quand il remplaçait César absent[2], c'est dans cette tenue qu'il demandait le mot d'ordre[3] !). C'est lui qui, au tribunal, aux rostres[4], dans chaque assemblée publique, n'apparaissait que la tête couverte du pallium[5], ne laissant voir que ses deux oreilles, tout comme les esclaves fugitifs dans le mime du *Riche ;* lui qui, au plus fort du fracas des guerres civiles, quand la ville inquiète était en armes, s'avançait en public escorté de deux eunuques, qui étaient encore plus virils que lui ; lui qui épousa mille femmes, bien qu'il n'en eût qu'une[6]. Ces mots si incorrectement construits, si négligemment jetés sur la feuille, placés à l'encontre de toute règle, montrent que ses mœurs n'étaient pas moins insolites, dépravées et excentriques. On le loue beaucoup pour sa douceur : il ne se servit pas du glaive, ne versa pas le sang et ne montra son pouvoir que par sa licence. Ce mérite même, il le corrompit par l'affectation de son style contre-nature : on voit qu'il était plus mou que doux ! Ces circonlocutions, ces expressions détournées, ces pensées certes élevées la plupart du temps, mais flasques dans la formulation, dénoncent cette tare sans aucune ambiguïté. Un bonheur excessif lui tourna la

---

1. Le texte latin est peu sûr : les vers qui nous restent sont en tout cas obscurs !

2. Mécène avait remplacé Auguste comme préfet de la Ville et de l'Italie.

3. Le mot d'ordre donné à l'une des neuf cohortes prétoriennes chargées de garder le palais, placées sous le commandement d'un tribun.

4. Endroit du forum où se tenaient les orateurs pour haranguer la foule. Il devait son nom aux rostres des navires pris aux ennemis, qui étaient exposés là.

5. Le *pallium* était la toge à la grecque. Mécène la porte ainsi, soit par mode, soit à cause de la fièvre qui l'affectait.

6. Térentia avec qui il entretenait des relations orageuses. Mais Mécène semble avoir été davantage porté sur les garçons.

tête : c'est un défaut qui peut aussi bien frapper un individu qu'une époque.

Lorsque la prospérité a largement répandu le luxe, le soin se porte d'abord sur la parure du corps ; ensuite, on s'occupe du mobilier ; puis on se consacre sans compter à la demeure elle-même, pour lui donner les dimensions d'une propriété de campagne, pour orner ses murs de panneaux de marbre resplendissants, pour décorer ses toits de dorures, pour que l'état des parquets se reflète dans celui des plafonds. Enfin le faste arrive sur la table, et là on cherche à se faire valoir par l'originalité et le refus du menu ordinaire : on renverse l'ordre normal et le dessert devient le hors d'œuvre.

Quand l'esprit a pris en dégoût les usages et tient pour vil ce qui est habituel, il cherche de la nouveauté jusque dans le style : tantôt il va rechercher des mots archaïques et vieillis, tantôt il en façonne d'inconnus ou en détourne d'autres de leur sens usuel ; parfois aussi (une mode qui s'est récemment développée), on cultive la métaphore audacieuse et récurrente ! Certains coupent leurs phrases, espérant par là plaire au public, parce qu'ils laissent leur pensée en suspens et permettent à l'auditeur de deviner le reste. D'autres au contraire ne lâchent plus la période commencée et la prolongent indéfiniment. Il y en a aussi qui, sans aller jusqu'à la faute (à laquelle d'ailleurs on ne peut échapper quand on s'attaque à une grande entreprise) sont attirés par elle. Aussi, partout où tu verras qu'on se laisse aller à un style corrompu, là, tu peux en être sûr, les mœurs sont également sorties du droit chemin. Le luxe de la table et celui des vêtements révèlent qu'un État est malade : de même la licence du style, si toutefois elle est générale, indique que les âmes, qui sont à la source des mots, ont elles aussi fait naufrage.

Il ne faut pas t'étonner que cette corruption soit accueillie non seulement par un cercle d'esprits vils mais aussi par le milieu cultivé que nous connaissons. C'est par la toge qu'ils diffèrent, non par le jugement. Tu peux t'étonner plutôt qu'on fasse l'éloge non seulement des écrits pleins de fautes mais des fautes elles-mêmes.

Cela s'est toujours fait : jamais le génie n'a obtenu d'applaudissements exempts d'indulgence. Cite-moi n'importe quel grand nom : je te dirai ce que son époque lui a pardonné, ce qu'elle a sciemment dissimulé à son propos. Je t'en citerai beaucoup d'autres auxquels leurs défauts n'ont pas nui, et certains qui y ont même trouvé avantage. Je t'en citerai, oui, qui jouissent d'une très belle renommée et sont considérés comme des prodiges mais qui ne résistent pas à une lecture critique : leurs défauts sont si intimement mêlés à leurs qualités que l'ensemble serait contaminé. Ajoute à cela que le style n'a pas de règles fixes. Les habitudes en vogue dans la cité, qui ne restent jamais longtemps les mêmes, le modifient sans cesse.

[...] *(Suivent des considérations techniques sur divers auteurs et leur imitateurs.)*

Ces défauts et d'autres du même genre, qu'un écrivain contracte par imitation, ne sont pas les signes de la débauche ni d'un esprit corrompu : ils doivent appartenir en propre à l'individu, lui être innés, pour permettre de juger d'un caractère. Un coléreux a un style coléreux, un passionné l'a impétueux, un jouisseur l'a mou et fluide. Ces écrivains, tu les vois suivre le modèle des hommes qui s'épilent la barbe tout entière ou par endroits ; qui se rasent au plus près des lèvres en laissant pousser le poil sur le reste de leur visage ; qui portent des manteaux de couleur voyante, une toge transparente : ils sont prêts à tout pour ne pas passer inaperçus, excitant les regards par leurs provocations, et consentant à être blâmés pourvu qu'on fasse attention à eux : tel est le style de Mécène et de tous ceux qui prennent le mauvais chemin non par hasard, mais sciemment et de plein gré. [...]

*(La lettre se termine sur des considérations d'ordre moral : il faut guérir son âme et ne pas s'attacher à multiplier les jouissances, en songeant que la mort est proche.)*

# III. LE SAGE ET L'ATTITUDE FACE À LA MORT

# LETTRE XIII

## CE QUE DOIT ÊTRE
## LA FORCE D'ÂME DU SAGE
## IL NE FAUT PAS SE TOURMENTER
## DE L'AVENIR

Je sais que tu as beaucoup de courage. En effet, avant même de te fortifier à l'aide de nos salutaires principes qui permettent de vaincre les difficultés, tu te suffisais à toi-même pour faire face aux coups du sort. Tu es encore plus fort, depuis que tu en es venu aux mains avec lui et que tu as eu l'occasion d'éprouver tes forces. Jamais on ne peut avoir une confiance absolue en soi avant que maintes difficultés ne se soient présentées ici et là et même parfois ne nous aient touchés de près : c'est alors que se manifeste le véritable courage, celui qui ne dépend nullement de la volonté d'autrui. C'est là l'épreuve du feu !

Un athlète ne peut apporter une fière ardeur au combat, s'il n'a jamais été meurtri. Au contraire, celui qui a vu son propre sang couler, entendu ses dents se briser sous le choc d'un coup de poing, celui qui, renversé à terre, a supporté le poids de l'adversaire et perdu le combat sans perdre courage, celui qui, après chaque chute s'est toujours relevé plus décidé, celui-là seul descend au combat plein d'espoir. Je dirai, pour poursuivre la comparaison, que souvent déjà le sort t'a terrassé et que cependant tu ne t'es pas rendu : tu as repris ton élan et t'es remis sur pied, plus intrépide encore. Le courage s'accroît quand il doit répondre à des attaques. Néanmoins, si tu le veux bien, je te propose mon aide : tu te défendras mieux.

Nous sommes plus souvent victimes de notre terreur que de dangers réels, et nous souffrons plus de l'idée que nous nous faisons des choses que des choses elles-mêmes. Je ne prends pas avec toi le langage des stoïciens, mais un langage plus facile. En effet, nous autres, nous disons que tout ce qui arrache cris et gémissements est sans importance et méprisable. Laissons de côté ces grands mots, par ailleurs si justes, grands dieux ! Voici mon conseil : ne sois pas malheureux avant l'heure ; ces dangers, dont tu redoutes l'arrivée imminente, peut-être ne viendront-ils jamais (en tout cas, ils ne sont toujours pas venus !). Certains d'entre eux nous torturent à l'excès, d'autres trop tôt, d'autres encore sans aucune raison. Nous augmentons notre mal, nous le créons de toutes pièces, ou nous le devançons. Le premier point, je le laisse en suspens pour le moment : il est encore en discussion et fait l'objet d'un litige. Un mal qui pour moi sera insignifiant, pour toi sera d'une extrême gravité : certains, je le sais, rient sous le fouet ; d'autres gémissent quand ils reçoivent un soufflet. Nous verrons plus tard si ces maux nous atteignent de par leur force propre ou de par notre faiblesse.

Accorde-moi ceci : à chaque fois que tu auras autour de toi des gens qui essaient de te persuader de ta misère, pense non à ce que tu entends mais à ce que tu éprouves. Examine ta souffrance, interroge-toi : c'est toi qui te connais le mieux toi-même. « Pourquoi me plaignent-ils ? Devant quoi tremblent-ils au point de redouter mon contact, comme si mon malheur était contagieux ? S'agit-il d'un mal véritable ou plutôt de la peur du scandale ? » Interroge-toi encore : « N'est-ce pas sans motif que je me tourmente et m'afflige ? Ne fais-je pas un mal de ce qui n'en est pas un ? »

« Mais comment, me diras-tu, saurai-je si mes angoisses sont vaines ou fondées ? » Écoute la règle à suivre en cette matière : nous sommes tourmentés ou par le présent ou par l'avenir, ou par les deux à la fois. Pour le présent, il est facile de trancher : si tu es libre, en bonne santé et ne souffres d'aucun mauvais traitement, il sera temps plus tard de s'inquiéter ; pour aujourd'hui, tout va bien. « Mais demain finira par arriver ! » Eh bien, commence par voir si tu as de sérieuses raisons pour craindre le mal qui doit venir ; la plupart du temps, ce sont de simples conjectures qui nous font souffrir, et nous sommes les jouets d'une rumeur — celle qui provoque la perte d'une guerre mais plus encore celle d'un individu. Oui, mon cher Lucilius, nous nous rendons tout de suite à l'opinion. Nous ne réfutons pas ce qui nous conduit à avoir peur, nous ne cherchons pas à nous en dépouiller : au contraire, nous nous mettons à trembler et prenons la fuite, comme les soldats qui, effrayés par la poussière que soulève le passage d'un troupeau, abandonnent leur camp, ou les gens que la diffusion anonyme d'une fausse nouvelle remplit de terreur. Je ne sais pourquoi, le faux trouble plus que le vrai : celui-ci a sa propre mesure ; mais tout ce qui est incertain est la proie des conjectures et des caprices d'une imagination mue par l'effroi. Aucune frayeur plus funeste, ni plus difficile à calmer, qu'une frayeur panique. Les autres s'emparent d'une âme qui a perdu la raison, celle-ci, d'une âme qui a perdu l'intelligence même.

[...] La vie ne serait pas tenable, le malheur n'aurait pas de limite, si on craignait tout ce qui peut arriver de fâcheux : essaie d'être clairvoyant ; rejette même, de toutes les forces de ton âme, la crainte justifiée ; sinon, chasse un vice par un autre : apaise la crainte par l'espoir. Rien de ce que nous craignons n'a autant de chances de se réaliser que l'évanouissement de cette crainte même, ou l'effondrement de nos espoirs. Pèse donc espoir et crainte, et chaque fois que tu seras dans le doute, fais pencher la balance en ta faveur : crois ce que tu préfères. Si tu as plus de motifs de crainte, incline plutôt du côté de l'espérance, et cesse de te tourmenter. Et puis, médite ceci : la plupart des mortels, alors qu'aucun mal ne les afflige ou ne s'annonce pour l'avenir, se torturent et brûlent d'inquiétude. Personne ne peut se retenir, une fois emporté dans son élan, ni

ramener sa crainte à sa juste valeur. Personne ne dit :
« L'auteur de ces bruits n'est pas sérieux : ou il les a
forgés de toutes pièces ou il y a naïvement ajouté foi. »
Nous nous livrons pieds et poings liés à tous ceux qui
nous racontent des fables ; nous tremblons à cause de
rumeurs douteuses que nous prenons pour des certi-
tudes. Nous ne savons plus garder la mesure : le
moindre doute vire à la peur.

J'ai honte de te parler ainsi et de te réconforter avec
d'aussi pauvres remèdes. Laissons les autres dire :
« Peut-être ce malheur n'arrivera-t-il pas. » Toi, dis
ceci : « Qu'il vienne, et après ? Nous verrons lequel de
nous deux l'emportera. Peut-être vient-il pour mon
bien : ma mort fera honneur à ma vie. » La ciguë fit de
Socrate un homme encore plus grand. Retire à Caton[1]
le glaive qui assura sa liberté : tu lui ôtes une grande
partie de sa gloire. Mais assez d'exhortations : tu as
plutôt besoin de conseils. Je ne te dirige pas dans un
sens opposé à ta nature : tu es né pour suivre mes
préceptes. Raison de plus pour accroître et embellir ce
qui est bon en toi.

Je n'aurai terminé ma lettre qu'après lui avoir apposé
son sceau[2] — une très belle sentence que je lui confie à
ton intention : « Les sots, entre autres maux, sont
affligés de celui-ci : ils commencent toujours à vivre. »
Réfléchis sur le sens de cette maxime, Lucilius, toi le
meilleur des hommes, et tu comprendras la terrible
légèreté de ceux qui chaque jour posent les fondements
d'une nouvelle vie, qui sont animés de nouvelles espérances au moment même de leur mort. Regarde tout
autour de toi : tu rencontres des vieillards qui plus que
jamais s'occupent de politique, de voyages, d'affaires.
Qu'y a-t-il de plus laid qu'un vieillard qui commence à

---

1. Caton d'Utique, qui se suicida après la victoire de César en
Afrique pour ne pas tomber entre les mains de son ennemi. Cet
*exemplum* est l'un des préférés de Sénèque : voir les lettres LI, LXX...
2. Il s'agit de la maxime que Sénèque se fait un devoir de mettre en
conclusion de chaque lettre, et qu'il introduit souvent de manière
humoristique.

vivre ? Je ne préciserais pas l'auteur de cette maxime, si
ce n'était pas une phrase peu connue et ne figurant pas
parmi les aphorismes couramment cités d'Epicure : je
me suis permis de l'aimer et de l'adopter [1]. Adieu.

1. Sénèque est éclectique : il emprunte souvent, à ce stade de sa
correspondance du moins, des préceptes au maître de l'école rivale de
la sienne.

# LETTRE XXIV

## LA CRAINTE DE L'AVENIR
## LA MORT

Tu es inquiet, m'écris-tu, de l'issue d'un procès que t'intente un ennemi fou furieux, et tu penses que je vais te conseiller de prévoir des jours meilleurs et de trouver l'apaisement dans les douceurs de l'espérance. A quoi bon en effet hâter la venue des malheurs et souffrir à l'avance de ce qu'il sera temps de supporter le moment venu, ce qui nous fait perdre le présent par crainte de l'avenir ? Sans aucun doute, c'est une sottise de se rendre aujourd'hui malheureux parce qu'un jour on doit le devenir. Mais c'est par un autre chemin que je veux te conduire à la sécurité.

Si tu veux chasser toute inquiétude, considère que toutes tes craintes se réaliseront à coup sûr. Et quel que soit le malheur, prends-en l'exacte mesure et évalue ensuite ta crainte : tu comprendras certainement que son objet est sans grande importance ! Il ne faut pas longtemps pour réunir des exemples qui te le confirmeront : chaque époque en offre. Rappelle-toi n'importe quelle période de notre histoire, qu'il s'agisse de la vie politique ou de la guerre : tu trouveras de grands caractères qui se sont forgés peu à peu ou qu'un élan magnifique a révélés. Que peut-il t'arriver de pire, si tu es victime d'une condamnation, que l'exil ou l'emprisonnement ? Que peut-on craindre de plus affreux que le feu, que la mort ? Examine chacun de ces malheurs et évoque ensuite l'exemple de ceux qui les ont méprisés :

tu n'auras pas de mal à les trouver, mais plutôt à faire un choix parmi eux. [...] (*Sénèque évoque quelques-uns de ces* exempla.)

« Ce sont de vieilles histoires, me diras-tu, qu'on rabâche dans toutes les écoles. Et quand on en viendra au mépris de la mort, tu me raconteras la fin de Caton ! » Et pourquoi ne te raconterais-je pas cette dernière nuit, où il lut un ouvrage de Platon, tout en gardant un poignard près de sa tête ? Il avait pris, à l'heure ultime, ces deux recours : l'un pour se donner la volonté de mourir, l'autre pour la réaliser. Après avoir mis ses affaires en ordre, autant qu'elles pouvaient l'être dans la débâcle finale, il estima qu'il fallait agir ainsi pour ne permettre à personne de tuer Caton ou de se réserver la gloire de le prendre vivant. Il tira son poignard, qu'il n'avait jusqu'à ce jour jamais utilisé, et déclara ceci : « Tu n'as rien fait, ô Fortune, en t'opposant à tous mes efforts ; ce n'est pas pour ma liberté, mais pour celle de ma patrie, que jusqu'à présent j'ai combattu. Je n'ai pas montré tant d'acharnement pour vivre libre, mais pour vivre parmi des hommes libres. Maintenant, puisque le genre humain va à sa perte, que Caton se mette à l'abri ! » Il se donna alors un coup mortel. Les médecins bandèrent la plaie, mais s'il avait perdu du sang et des forces, il gardait tout son courage : moins emporté contre César que contre lui-même, il plongea ses mains privées d'arme dans sa blessure ; et cette âme généreuse, qui méprisait toute forme de tyrannie, il ne la rendit pas : il l'extirpa.

Je ne réunis pas ces exemples dans le but d'exercer mon esprit, mais pour te fortifier contre ce qui te semble épouvantable. J'y parviendrai plus facilement, en te montrant qu'il n'y eut que des héros pour mépriser le moment où l'on doit rendre l'âme, mais aussi des hommes qui s'étaient montrés lâches par ailleurs mais surent en cette occasion égaler les plus courageux. Scipion par exemple, le beau-père de

Pompée [1], qui, rejeté sur les rives africaines par un vent contraire et voyant son navire tomber aux mains de l'ennemi, se transperça de son épée et répondit aux soldats qui demandaient où était le général : « Le général se porte bien. » Cette parole fit de lui l'égal de ses ancêtres et permit à la gloire que le destin accorda aux Scipion en Afrique de ne pas s'éteindre [2]. C'est un grand exploit de vaincre Carthage ; c'en est un plus grand de vaincre la mort ! « Le général se porte bien ! » Un général, de Caton qui plus est, devait-il mourir autrement ? Je ne veux pas plonger avec toi dans le passé pour faire la liste de tous ceux qui, à travers les siècles, méprisèrent la mort : jette seulement un regard sur notre époque, dont nous déplorons la mollesse et le goût des plaisirs ; tu trouveras des hommes de tout rang, de toute condition, de tout âge, qui ont mis par la mort fin à leurs maux. Crois-moi, Lucilius, on a bien tort de craindre la mort : grâce à elle, on n'a plus rien à craindre. Écoute donc en toute tranquillité les menaces que profère ton ennemi. Au fond de toi, tu trouveras des raisons d'avoir confiance ; mais, comme bien des circonstances étrangères à l'affaire peuvent faire pencher la balance, espère en l'issue la plus juste, et prépare-toi en même temps à l'issue la plus injuste.

Avant tout, rappelle-toi ceci : il faut s'intéresser aux événements eux-mêmes, non au bruit qui les entoure, et aller au fond des choses : tu verras qu'il n'y a rien de terrible, sinon la peur elle-même. Regarde les enfants : les personnes qu'ils aiment, qui leur sont familières, qui partagent leurs jeux, leur font peur si elles apparaissent masquées ; les grands enfants que nous sommes réagissent comme eux. Eh bien, ce n'est pas aux hommes seulement, mais aussi aux choses, qu'il faut

---

1. Il essaya de fuir en Espagne après la défaite de Thapsus. Rejeté par la tempête sur les rives d'Afrique, il se donna la mort pour échapper à César.
2. Scipion l'Africain Major vainquit Hannibal. Scipion l'Africain Minor détruisit Carthage.

arracher leur masque et rendre leur vrai visage. A quoi bon me montrer ces glaives, ces flammes et cette foule de bourreaux qui gronde tout autour de toi ? Supprime cet apparat sous lequel tu te caches et qui effraie les faibles d'esprit : voilà, tu es la mort ; et il y a peu, mon esclave, ma servante, n'ont eu pour toi que du mépris. A quoi bon déployer à nouveau ce superbe cortège de fouets et de chevalets ? Et encore ces appareils de torture destinés chacun à un membre différent, et mille autres instruments propres à déchiqueter morceau par morceau le corps humain ? Abandonne tous ces objets qui nous épouvantent ; fais taire les gémissements, les cris, les hurlements que poussent les malheureux en proie à la torture. Ce n'est que de la douleur : le goutteux la méprise, le malade de l'estomac la supporte sans mot dire au milieu même de ses festins, la jeune femme l'endure vaillamment lorsqu'elle accouche. Elle est légère, si je peux la supporter ; elle est brève si je n'y parviens pas.

Examine bien toutes ces idées que tu as souvent entendues, et souvent toi-même énoncées. Rien de plus honteux en effet que la critique qui nous est faite d'être philosophes en paroles et non en actes ! Eh quoi ! Tu découvres aujourd'hui que tu es menacé de la mort, de l'exil ou de la souffrance ? Mais tu es né pour connaître ces malheurs ! Il faut regarder tous les accidents possibles comme inévitables : mais je sais que tu as déjà suivi mon conseil. Aujourd'hui, je t'engage à ne pas laisser ton esprit écrasé par ce souci : sinon, il s'affaiblira et aura moins de vigueur quand il lui faudra se relever. Détourne-toi de ton cas particulier pour t'intéresser à l'universel : dis-toi que tu as un pauvre corps fragile et mortel, que l'injustice et le pouvoir du plus fort feront souffrir, et pour qui les plaisirs mêmes se transformeront en tourments. Les festins provoquent des indigestions ; les beuveries, l'engourdissement des muscles ou des tremblements ; le plaisir charnel, des rhumatismes dans les pieds, les mains et toutes les articulations. Je deviendrai pauvre ? Je rejoindrai alors le plus grand nombre. Je serai exilé ? Eh bien, je m'imaginerai être né dans mon pays d'adoption. Je serai enchaîné ? Et alors ? Suis-je libre à présent ? La nature m'a bien assujetti au lourd fardeau de mon corps ? Je mourrai ? Tu veux dire que je cesserai d'être exposé aux chaînes, d'être exposé... à la crainte de la mort !

Je ne suis pas assez sot pour reprendre ici le refrain d'Épicure et dire : la crainte des Enfers n'est que du vent ! Ixion ne tourne pas sur sa roue[1] ; Sisyphe ne remonte pas une pente avec un rocher sur les épaules, aucun mort ne voit ses entrailles renaître chaque jour après avoir été dévorées[2]. Personne n'est assez puéril pour craindre Cerbère, les Ténèbres, les squelettes à l'aspect de fantômes. La mort nous consume ou nous libère. A ceux qu'elle libère, elle laisse le meilleur en leur enlevant leur fardeau ; à ceux qu'elle consume, elle ne laisse rien : le bien comme le mal sont anéantis. Permets-moi de citer ici un vers de toi (mais considère-le, je t'en prie, comme valable non seulement pour autrui mais pour toi aussi : c'est une honte de parler d'une façon et de penser d'une autre). Je me rappelle que tu as une fois développé l'idée que nous ne tombons pas soudainement dans la mort mais que nous avançons vers elle pas à pas. Nous mourons chaque jour, car chaque jour nous est ôtée une part de notre vie : à mesure que notre âge s'accroît, notre vie diminue. Nous perdons l'enfance, puis l'adolescence, puis la jeunesse : jusqu'à la journée d'hier, tout le temps qui s'est écoulé est mort. Même le jour que nous sommes en train de vivre, nous le partageons avec la mort ! Ce n'est pas la dernière goutte d'eau qui vide la clepsydre, mais toutes celles qui sont tombées auparavant : ainsi la dernière heure, celle de notre fin, n'est pas la seule à provoquer notre mort, mais la seule à la mener à terme. C'est à ce

---

1. Ixion était le roi des Lapithes. Il aima Junon et fut jeté aux Enfers, attaché avec des serpents sur une roue qui tournait sans cesse.
2. Allusion à Tityos, géant tué par Jupiter, dont les entrailles étaient dévorées par un vautour. Cette critique de la mythologie des Enfers se trouve au livre III du *De Rerum Natura* de Lucrèce.

moment que nous atteignons le but, mais nous mar-
chons depuis longtemps. Tu avais exposé ces idées selon
ton style habituel, toujours plein de grandeur certes,
mais jamais plus ardent que dans les passages où tu mets
l'expression au service de la vérité :

« Il n'y a pas qu'une mort ; mais celle qui nous
emporte est la mort ultime. »

Je préfère que tu lises tes propres écrits, plutôt que
ma lettre. Tu y verras que cette mort redoutée est la
dernière, non la seule.

Je sais ce que cherchent tes yeux : le mot généreux, le
précepte utile, que j'ai glissé dans ma lettre. Celui que
je vais t'envoyer se rapporte au sujet même que nous
venons de traiter. Épicure ne critique pas moins ceux
qui désirent la mort que ceux qui la redoutent : « Il est
ridicule, dit-il, de courir à la mort par dégoût de la vie,
quand c'est notre manière de vivre qui nous force à
courir à la mort. » Ailleurs il déclare : « Quoi de plus
ridicule que de rechercher la mort quand on a rendu sa
vie impossible par la crainte de la mort ? » A ces
maximes on peut ajouter celle-ci, qui est de la même
veine : « L'imprudence des hommes, ou même leur
folie, est telle que certains sont poussés à la mort par la
crainte de la mort. »

Médite l'une ou l'autre, et tu fortifieras ton âme pour
supporter ou la mort ou la vie : il faut méditer et se
fortifier pour ne pas trop aimer la vie et ne pas la
détester non plus. Même quand la raison nous conseille
de mettre un point final, il ne faut pas prendre son élan
tête baissée sans réfléchir. Un homme courageux et sage
ne doit pas fuir la vie mais en sortir. Avant tout, il doit
bannir ce sentiment qui anime bien des gens : la passion
de la mort. Oui, mon cher Lucilius, il en est de la mort
comme d'autres objets ; elle provoque en notre âme un
désir insensé, qui souvent a pour victimes des hommes
généreux et dotés d'une grande force de caractère, et
souvent aussi des hommes lâches et mous : les uns
méprisent la vie, les autres en sont accablés. Certains en
ont assez de voir et de faire toujours la même chose ; ils

ne détestent pas la vie, ils en sont dégoûtés. Nous tombons dans ce travers à l'instigation même de la philosophie, quand nous déclarons : « Jusqu'à quand cette éternelle répétition ? Se réveiller, dormir, manger, avoir faim, avoir froid, avoir chaud ! Rien n'a de fin : tout est pris dans un même cercle, tout fuit, tout se suit. La nuit chasse le jour, et le jour la nuit. L'été cesse à l'arrivée de l'automne, qui est éclipsé par l'hiver, auquel le printemps met fin. Ainsi, tout passe pour revenir ensuite : je ne fais rien de nouveau, je ne vois rien de nouveau. J'arrive parfois à en avoir la nausée. » Pour beaucoup, la vie n'est pas pénible, mais inutile. Adieu.

# LETTRE XXX

## IL FAUT, À L'EXEMPLE DE BASSUS, ATTENDRE LA MORT AVEC CALME

Je viens de voir Bassus Aufidius[1], cet excellent homme : il est brisé et lutte contre l'âge. Mais la charge qui pèse sur lui est trop lourde pour être soulevée : la vieillesse l'accable à présent de tout son poids. Tu sais qu'il a toujours eu un corps faible et desséché. Longtemps il a maintenu l'édifice en l'état, ou, plus exactement, il a fait des ajustements ; mais tout d'un coup, toutes ses forces ont lâché. Dans un bateau qui prend l'eau, on bouche une ou deux fissures, mais lorsqu'il se met à craquer et à céder en de multiples endroits, c'est l'effondrement sans recours possible : de même, chez un vieillard, on peut jusqu'à un certain point soutenir et renforcer les points faibles ; mais lorsque tous les murs, dans un bâtiment délabré, se fendent et que l'un se désagrège tandis que l'autre est en réparation, il faut alors chercher le meilleur moyen de faire sa sortie. Notre ami Bassus, pourtant, garde un cœur plein d'énergie, et cela grâce à la philosophie : à la vue de la mort, il reste gai, et quel que soit son état physique, il conserve son courage et sa joie ; il ne se laisse pas abattre, même si son corps est abattu. Un bon pilote continue de naviguer quand les voiles sont déchirées ; s'il a perdu ses agrès, il s'arrange avec ce qui reste du

---

1. Historien dont il ne nous reste que quelques fragments, un notamment chez Sénèque le père, sur la mort de Cicéron.

vaisseau et poursuit sa course. C'est ce que fait Bassus :
il regarde sa propre mort avec sur son visage et dans son
cœur un calme que tu jugerais même excessif s'il
s'agissait de la mort d'autrui.

C'est une grande affaire, Lucilius, et qui demande un
long apprentissage, que de partir sereinement quand
sonne l'heure inévitable. D'autres genres de mort laissent place à l'espoir : la maladie peut se guérir ; un
incendie s'éteindre ; les ruines d'un bâtiment nous
épargner, quand elles semblaient devoir nous écraser ;
la mer nous rejeter sains et saufs sur le rivage aussi
violemment qu'elle nous avait engloutis ; le soldat prêt à
trancher notre gorge, rengainer tout à coup son épée.
Mais rien à espérer pour celui qui va à la mort par le
chemin de la vieillesse : celui-là seul ne peut obtenir
aucun secours. Aucune façon de mourir n'est plus
douce, mais aucune ne demande plus de temps ! Bassus
m'a semblé régler et suivre ses propres obsèques : il vit
comme en se survivant et supporte avec constance la
perte de sa propre personne. Il parle souvent de la mort,
mais s'applique à nous convaincre que « s'il y a quelque
inconvénient ou quelque raison d'avoir peur dans cette
affaire, la faute en incombe au mourant, non à la mort ;
le moment même de la mort n'est pas plus pénible que
celui qui la suit ! Redouter ce qu'on n'aura pas à souffrir
est aussi insensé que redouter ce qu'on n'aura pas à
sentir. Comment penser qu'on devra sentir ce qui doit
nous ôter toute sensation ? Donc, conclut-il, la mort est
à ce point éloignée d'être un malheur, qu'elle éloigne de
nous la crainte de tous les malheurs ! ».

Je sais bien que ces idées ont souvent été énoncées et
le seront souvent encore : mais je n'en ai jamais tiré le
même profit en les lisant ou en écoutant ceux qui
affirmaient qu'on ne devait pas avoir peur tout en étant
eux-mêmes hors de danger. Bassus, lui, m'a fortement
impressionné en parlant de sa mort qui est imminente.

Je vais te dire mon avis : je pense qu'on est plus
courageux au moment même d'affronter la mort que
dans le temps où l'on s'en approche. L'arrivée de la

mort donne même aux moins préparés le courage de
faire face à l'inévitable. Ainsi, le gladiateur qui s'est
montré le plus timoré pendant tout le combat présente
la gorge à son adversaire et pointe sur elle le glaive
hésitant. Mais lorsque la mort est proche et doit venir
d'un moment à l'autre, elle demande une fermeté d'âme
à toute épreuve, qui se rencontre plus rarement et
n'appartient qu'au sage. C'est pourquoi je prenais un
plaisir infini à écouter Bassus porter son jugement sur la
mort et en définir la nature, comme s'il la voyait de plus
près. Tu accorderais, je pense, plus de confiance et plus
de poids aux paroles d'un homme qui, ressuscité,
raconterait d'expérience qu'il n'y a rien de malheureux
dans la mort. Pour parler du trouble qu'occasionne son
approche, les mieux qualifiés sont ceux qui se sont tenus
près d'elle, qui l'ont vue venir et l'ont reçue.

Parmi eux on peut compter Bassus, qui ne veut pas
que nous restions dans l'erreur : il dit qu'il est aussi sot
de craindre la mort que de redouter la vieillesse. La
mort succède à la vieillesse, comme la vieillesse à la
jeunesse. Il a refusé de vivre, celui qui ne veut pas
mourir ! La vie en effet nous a été donnée avec la mort
pour condition : c'est vers elle qu'on marche. Quelle
folie de la craindre ! Les événements certains, on les
attend ; seuls ceux dont on n'est pas sûr doivent être
craints. Or la mort est une nécessité, également parta-
gée, sans recours possible : qui peut donc se plaindre de
cette condition, à laquelle personne n'échappe ? L'élément essentiel de l'équité, c'est l'égalité. Mais il est
aujourd'hui superflu de plaider la cause de la nature qui
n'a pas voulu pour nous d'autre loi que la sienne. Tout
ce qu'elle a construit, elle le défait, et tout ce qu'elle a
défait, elle le construit à nouveau. Si donc on a la chance
de succomber en douceur à la vieillesse, sans être
arraché tout d'un coup à la vie, mais éloigné d'elle peu à
peu, ne doit-on pas remercier les dieux de nous avoir
conduits, après nous avoir rassasiés, jusqu'au repos
nécessaire, si doux à l'homme fatigué ?

On voit des gens souhaiter la mort, et cela avec plus

d'ardeur qu'on n'en met à demander la vie. Je ne sais qui nous donne le plus de courage, de celui qui réclame la mort, ou de celui qui l'attend joyeux et tranquille. En effet le premier obéit parfois à un mouvement de rage subite, tandis que le second tire sa tranquillité d'une mûre réflexion. Tel arrive à la mort plein de colère contre elle : personne ne la reçoit avec le sourire, sauf celui qui s'y était depuis longtemps préparé. Je l'avoue donc : je me suis fréquemment rendu chez mon cher ami, pour bien des raisons, mais en particulier pour voir si je le trouverais inchangé à chaque fois et si sa vigueur morale ne faiblirait pas en même temps que ses forces physiques ; elle croissait au contraire, comme on voit grandir la joie des coureurs, lorque au septième tour ils approchent de la victoire [1]. Suivant les préceptes d'Épicure, il déclarait : « J'espère d'abord ne pas souffrir en rendant mon dernier soupir. S'il n'en était pas ainsi, je me consolerais par la brièveté même de ce moment : aucune douleur ne dure longtemps quand elle est forte. D'ailleurs si cette séparation de l'âme et du corps ne pouvait se faire sans tourments, mon secours serait de savoir qu'après cette souffrance je ne pourrais en subir d'autres. Je ne doute pas, à vrai dire, que l'âme d'un vieillard ne soit au bout de ses lèvres et ne s'échappe du corps sans grande violence. Le feu qui brûle des matériaux solides, il faut, pour l'éteindre, de l'eau et parfois même le laisser tout dévorer ; mais celui qui manque d'aliment s'évanouit de lui-même. »

C'est avec plaisir, mon cher Lucilius, que j'entends ces propos : ils ne sont pas nouveaux, mais ils me conduisent au cœur même des choses. Eh quoi ! n'ai-je pas assisté à maints suicides ? Certes, mais je suis plus convaincu par l'exemple d'un homme qui arrive à la mort sans haïr la vie et la reçoit sans la convoquer. « Ces tourments, disait-il, c'est notre faute si nous les éprouvons : nous nous mettons à trembler dès que nous

1. Allusion aux courses de chars, où le vainqueur obtenait la palme après avoir fait sept fois le tour du cirque.

croyons la mort près de nous. Mais de qui n'est-elle pas proche ? Elle est prête à se montrer en tous lieux, à tout moment. Considérons plutôt, quand une cause de mort semble proche, combien d'autres nous guettent de plus près encore, que nous ne redoutons pas. » Un ennemi nous menaçait : une indigestion le prend et nous voilà sauvés. Si nous voulons voir clair dans les causes de nos frayeurs, nous trouverons une grande différence entre ce qu'elles paraissent et ce qu'elles sont réellement. Ce n'est pas la mort que nous craignons, mais l'idée de la mort : elle-même n'est jamais très loin de nous. Si donc la mort est redoutable, elle l'est en permanence : aucun moment de notre vie ne se trouve hors de son atteinte.

Mais une si longue lettre, je le crains, te sera plus odieuse que la mort : j'y mets donc un terme. En tout cas, pour ne jamais craindre la mort, songes-y sans cesse. Adieu.

## LETTRE XXXVI

### AVANTAGES DU REPOS
### LES VŒUX DU VULGAIRE
### IL FAUT MÉPRISER LA MORT

Encourage ton ami[1] à mépriser bravement les gens qui lui reprochent d'avoir choisi l'ombre et le loisir, renoncé à sa belle situation et préféré le repos à tout, alors qu'il pouvait monter plus haut. L'intérêt qu'il avait à agir ainsi, il le leur prouvera chaque jour ! Ceux qui sont objets d'envie ne cessent de passer d'un état à un autre : les uns sont broyés, les autres tombent... La prospérité est source d'inquiétude ; elle s'agite, trouble le cerveau de plus d'une façon. Elle pousse chacun dans un tourbillon différent : celui du pouvoir pour les uns, celui de la débauche pour d'autres ; elle enfle les uns, amollit les autres jusqu'à les réduire à néant. « Mais un tel le supporte très bien ! » Comme on supporte le vin... Cela n'est pas une raison pour se laisser convaincre que le bonheur consiste à être entouré d'une cour : on se presse autour de cet homme fortuné comme on s'attroupe sur les rives d'un lac : on veut y boire et on trouble la pureté de ses eaux.

On accuse ton ami d'être frivole et paresseux : tu sais bien que certains parlent à tort et à travers en tenant des propos contraires à la vérité. On le disait heureux : eh bien, l'était-il vraiment ? Certains lui trouvaient un caractère sauvage et ombrageux, mais laissons même

---

1. Il s'agit d'un jeune homme de bonne famille, qui a renoncé à l'administration pour se consacrer à la philosophie.

cela de côté. Selon Ariston [1], « chez un jeune homme, la mélancolie est préférable à la gaieté et aux faveurs de la foule. Un vin nouveau au goût âpre peut se bonifier ; mais s'il a bon goût dès la mise en tonneau, il vieillit mal. » Qu'on le traite de mélancolique, d'ennemi de son propre intérêt : sa mélancolie même, à mesure qu'il vieillira, sera appréciée. Qu'il persiste seulement à pratiquer la vertu et à s'absorber totalement dans l'étude des arts libéraux — non pas ceux dont il suffit d'avoir une teinture, mais ceux dont l'âme doit être imprégnée. C'est pour lui le moment d'apprendre. « Eh quoi ! est-il un moment de la vie où il ne faille pas apprendre ? » Certes non ; mais s'il est honorable d'étudier à tout âge, il ne l'est pas d'être formé à tout âge. Quel spectacle honteux et ridicule qu'un vieillard qui en est à apprendre ses lettres ! Au jeune homme de faire les acquisitions ; au vieillard d'en profiter.

Tu te rendras à toi-même le plus grand des services, en rendant ton ami le plus vertueux possible. Les bienfaits de cet ordre, dit-on, il faut aussi bien les rechercher que les accorder ; ils sont incontestablement de première catégorie, et on a autant d'avantage à les rendre qu'à les recevoir. En fin de compte, ton ami n'a plus aucune liberté : il s'est engagé. Or, il est moins vil de ne pouvoir honorer une dette d'argent que des espérances qu'on avait fait naître. Pour acquitter ce qu'il doit, le commerçant doit bénéficier pour ses vaisseaux d'une heureuse traversée, l'agriculteur d'une terre fertile et d'un ciel clément ; lui, pour s'acquitter de sa dette, n'aura besoin que de sa volonté. Sur le caractère la Fortune n'a aucun droit : il faut le former de manière à mener l'âme le plus tranquillement du monde jusqu'à la perfection : elle ne sentira plus ni ce qu'on lui ôte ni ce qu'on lui donne ; elle restera dans le même état en permanence, quoi qu'il arrive. Parvenu à ce stade, on reste au-dessus de ses possessions même si l'on est comblé des biens prisés du vulgaire ; et si le sort en retire

---

1. Ariston de Chios (IIIe siècle avant J.-C.), disciple de Zénon.

une partie ou la totalité, on n'est pas plus faible pour autant. Si ce jeune homme était né chez les Parthes, il eût bandé son arc dès sa plus tendre enfance ; né en Germanie, tout jeune encore il eût lancé le frêle javelot ; s'il avait vécu au temps de nos aïeux, il eût appris à monter à cheval et à se battre au corps à corps avec l'ennemi. Ainsi chacun est formé par sa propre race aux pratiques qu'il doit connaître.

Quel doit donc être le sujet de ses méditations ? Celui qui l'armera contre tous les traits, contre toute sorte d'ennemis : le mépris de la mort. Qu'il y ait en celle-ci quelque chose de terrible, qu'elle blesse notre âme naturellement portée à s'aimer elle-même, personne n'en doute : dans le cas contraire on n'aurait pas besoin de se préparer et de s'entraîner pour aller là où notre instinct nous porterait, comme il nous porte à notre propre conservation. Mais il faut s'endurcir pour ne pas trahir sa foi sous la torture, pour rester debout, si besoin est, même quand on est blessé, et monter la garde devant la tranchée sans même s'appuyer sur son javelot, car d'ordinaire, il suffit de s'appuyer sur le moindre support pour se laisser surprendre par le sommeil.

La mort ne cause aucun mal : pour ressentir un mal, il faut exister ! Et si tu éprouves un désir aussi vif de prolonger ta vie, songe qu'aucun des objets soustraits à ton regard n'est perdu : ils retournent tous au sein de la nature d'où ils émanent et que bientôt ils retrouveront. Ils cessent d'exister mais ne meurent pas ; et la mort, que nous redoutons et fuyons, interrompt notre vie sans pour autant nous l'arracher : un jour viendra où à nouveau nous verrons la lumière. Mais beaucoup refuseraient ce retour si l'oubli ne leur était pas donné en même temps. Plus tard, je te montrerai plus rigoureusement[1] que ce qui semble mourir change seulement de forme. Il faut partir avec sérénité car on doit revenir. Observe le retour cyclique de certains phénomènes : tu

---

1. Nulle part dans les *Lettres* : Sénèque a-t-il fait cette démonstration dans une œuvre aujourd'hui perdue ?

ne verras rien s'éteindre dans l'univers, mais toute chose décliner et remonter alternativement. L'été s'enfuit, mais l'année suivante le ramènera ; l'hiver a laissé la place : il reviendra avec les mois qui lui appartiennent. La nuit fait sombrer le soleil : elle-même sera bientôt chassée par le jour. Les étoiles refont tout le parcours qu'elles ont déjà effectué : régulièrement, une partie du ciel se lève et l'autre s'enfonce. Je mettrai un point final à cette lettre après avoir ajouté une dernière considération : ni les bébés ni les enfants ni les malades mentaux ne redoutent la mort. Quelle honte de ne pas trouver en la raison cette tranquillité que donne son absence ! Adieu.

# LETTRE LI

## LE SAGE DOIT CHOISIR
## UNE RÉSIDENCE QUI LUI CONVIENNE

Chacun fait comme il peut, mon cher Lucilius. Toi, tu as là-bas l'Etna, cette très célèbre montagne de Sicile. Messala et Valgius[1] l'appellent « l'unique » (j'ai trouvé cette épithète chez les deux auteurs), je ne sais trop pourquoi : il y a bien d'autres endroits où l'on peut voir jaillir des flammes, non seulement sur des hauteurs — ce qui est évidemment le cas le plus fréquent, sans doute parce que la flamme est toujours aspirée vers le haut —, mais aussi dans les plaines. Pour moi, j'ai dû me contenter de Baïes[2], que j'ai quittée le lendemain de mon arrivée : c'est un endroit à éviter, malgré certains avantages naturels, car tous les débauchés s'y donnent rendez-vous.

« Quoi ? Faut-il détester certains lieux ? » Pas du tout ; mais tu vois bien que certains vêtements conviennent mieux que d'autres au sage et à l'homme de bien : sans avoir une aversion déclarée pour une couleur, ils estiment que certaines ne peuvent être portées par un homme qui entend mener une vie frugale. Eh bien, il en est de même pour certains pays : le sage, ou celui qui tend à la sagesse, les évitera car les gens s'y conduisent

1. Messala Corvinus était un orateur et Valgius Rufus un poète épique, tous deux contemporains d'Auguste.
2. Baïes était un lieu de villégiature très apprécié de la bonne société romaine, situé en Campanie, dans la baie de Naples. On y prenait aussi les eaux chaudes.

mal. Si l'on songe à la retraite, on ne choisira jamais
Canope[1], bien qu'il soit possible d'y rester honnête, tout
comme à Baïes, d'ailleurs. Mais c'est là que les vices se
réunissent ; là que la débauche se donne tous les droits ;
là que la licence semble être un dû dont on s'acquitte
dans la plus grande liberté. Ce n'est pas seulement à la
santé physique que nous devons veiller quand nous
choisissons un lieu de résidence, mais aussi à la santé
morale. Je ne voudrais pas vivre au milieu de bourreaux, mais pas davantage au milieu de tavernes. Voir
des hommes ivres tituber sur le rivage, assister à des
orgies sur des bateaux, entendre sur des lacs retentir des
chants et de la musique et regarder encore d'autres
spectacles où la débauche, affranchie de toute loi,
s'affiche publiquement, est-ce bien nécessaire ? Notre
devoir est de fuir le plus loin possible des objets qui
peuvent nous inciter au vice. Il faut endurcir notre âme
et l'arracher aux douceurs de la volupté. Un seul hiver a
réduit Hannibal à néant : ce héros, que ni la neige ni les
Alpes n'avaient vaincu, se laissa endormir par les délices
de la Campanie[2]. Il vainquit par les armes, mais fut
vaincu par les vices.

Nous aussi, nous devons faire la guerre, et un genre
de guerre qui ne connaît ni repos ni loisir. Ce qu'il faut
combattre en premier lieu, ce sont les plaisirs : ils ont,
tu le vois, pris dans leurs filets les naturels les plus
farouches. Si l'on comprend la grandeur de cette
entreprise, on verra qu'il faut en toute circonstance
renoncer au luxe et à la mollesse. Qu'ai-je besoin de ces
étangs d'eau chaude, de ces étuves où se répand une
chaleur sèche qui finit par nous épuiser ? Laissons le
travail seul faire couler notre sueur. Si nous agissions
comme Hannibal, en interrompant le cours des événements et oubliant la guerre pour ne plus penser qu'à

1. Canope se trouvait en Égypte, à l'embouchure du Nil, non loin
d'Alexandrie. C'était aussi un rendez-vous de gens riches et « en
vue ».
2. Après la victoire de Cannes, Hannibal céda aux délices de
Capoue.

satisfaire notre corps, tout le monde nous reprocherait à bon droit ce relâchement inopportun, dangereux même pour un vainqueur, à plus forte raison pour celui qui ne l'est pas encore. Nous avons d'ailleurs moins de marge que les soldats qui combattaient sous les enseignes de Carthage : céder nous fait courir plus de risques, persévérer nous demande même plus d'efforts. La Fortune me fait la guerre : je ne suis pas disposé à obéir à ses ordres ; je ne me soumets pas à son joug, et même, ce qui exige plus de courage, je le secoue. Il ne faut en aucun cas laisser son âme s'amollir : si je cède au plaisir, il me faudra céder aux assauts de la douleur, de la peine, de la pauvreté. L'ambition et la colère prétendront avoir les mêmes droits sur moi : entre tant de passions, je serai tiraillé, ou plutôt déchiré ! On m'offre la liberté : ce sera le prix d'un dur labeur. « Qu'est-ce que la liberté ? » me demandes-tu. N'être esclave de rien : d'aucune nécessité, d'aucun hasard ; et traiter à armes égales avec la Fortune. Du jour où j'aurai compris que je suis plus fort qu'elle, elle ne pourra plus rien contre moi. Supporterai-je sa tyrannie, quand la mort est à portée de ma main ?

Quand on est animé de tels sentiments, il faut choisir une résidence où règnent le sérieux et la vertu. Un endroit trop séduisant amollira notre âme : sans aucun doute, un pays peut entamer notre énergie. Les bêtes dont le sabot s'est endurci sur le sol rude peuvent marcher sur n'importe quel chemin ; celles qu'on a engraissées dans des pâturages marécageux où la terre est molle n'ont bientôt plus de corne au pied. De même, les soldats les plus courageux viennent-ils de régions au relief accidenté, alors que les citadins et les esclaves nés chez leur maître manquent d'énergie. Les mains qui passent de la charrue aux armes ne répugnent jamais à la peine ; le délicat qui se parfume, lui, défaille au premier grain de poussière ! Une région austère forme un caractère plus vigoureux et le rend apte à soutenir de grands efforts. Literne était pour Scipion un lieu d'exil plus convenable que Baïes[1] : un tel homme ne pouvait choisir pour abriter sa disgrâce une ville à ce point vouée aux plaisirs. Et les hommes qui les premiers se virent gratifiés du gouvernement de la république par le peuple romain — Marius, Pompée, César — firent eux aussi construire, c'est vrai, des villas dans la région de Baïes, mais ils les placèrent au sommet des montagnes. Il leur semblait préférable, pour un soldat, de regarder depuis les hauteurs les plaines qui se trouvaient à leurs pieds. Observe la position qu'ils ont choisie, l'emplacement et les caractéristiques de leurs demeures : tu verras qu'il ne s'agit pas de villas mais de camps retranchés ! Penses-tu que Caton aurait jamais habité une jolie petite maison de campagne d'où il aurait pu compter les femmes adultères prenant du bon temps sur un bateau, regarder les mille espèces de barques multicolores et le lac entièrement recouvert de roses, ou bien encore écouter les clameurs des chanteurs nocturnes ? N'eût-il pas préféré rester à l'intérieur du retranchement plutôt que de passer une seule nuit dans un tel environnement ? Un homme digne de ce nom aime mieux être réveillé au son de la trompette qu'à celui d'un concert.

Mais en voilà assez de notre procès contre Baïes ! Contre les vices en revanche, on n'en dira jamais assez : fais-leur la chasse, mon cher Lucilius, une chasse sans limite et sans fin. Extirpe tous ceux qui déchirent ton cœur ; si tu ne pouvais les faire disparaître autrement, il faudrait arracher ton cœur en même temps. Chasse en premier lieu les plaisirs, que tu dois regarder comme le pire des dangers : à la façon des brigands que les Égyptiens nomment Philètes[2], ils nous embrassent avec l'intention de nous étouffer. Adieu.

---

1. À la fin de sa vie, Scipion l'Africain, en butte aux attaques des tribuns de la plèbe, se retira dans sa villa de Literne, une petite ville au nord de la côte campanienne, où il mourut.
2. Jeu de mots sur la paronomase qui rapproche deux termes grecs : φηλητής = le voleur, et φιλητής = l'amant.

# LETTRE LXIII

## IL NE FAUT PAS PLEURER À L'EXCÈS LA MORT D'UN AMI

Tu ne te remets pas de la mort de ton ami Flaccus[1] : je ne voudrais pourtant pas que tu t'affliges plus que de raison. Je n'oserais te demander de ne pas t'affliger du tout... ce serait le mieux, je le sais. Peut-on posséder une telle fermeté quand on n'est pas déjà bien au-dessus des coups de la Fortune ? Même dans ce cas on sera blessé d'un si grand malheur, mais blessé seulement. À nous, on peut pardonner nos larmes si elles ne coulent pas avec trop d'abondance, si nous-mêmes les réprimons. Nos yeux ne doivent pas rester secs, à la perte d'un ami, mais ils ne doivent pas non plus se transformer en torrents : il faut pleurer, et non se répandre en lamentations. Tu trouves que la loi que je t'impose est dure ? Mais le plus grand des poètes grecs a limité à un jour le droit de pleurer, et il a dit que « même Niobé eut envie de manger[2] ».

Tu me demandes d'où viennent ces lamentations, ces pleurs sans mesure ? Par nos larmes, nous voulons prouver nos regrets ; nous ne cédons pas à notre douleur ; nous en faisons plutôt étalage. On n'est jamais triste pour soi-même. Ô funeste folie ! On veut parader jusque dans la douleur ! « Eh quoi ! me diras-tu : je

---

1. Flaccus : inconnu par ailleurs.
2. *Iliade*, XXIV, 602. Les enfants de Niobé furent tués par Apollon et Latone, qu'elle avait outragés. Elle fut transformée en rocher d'où coulent ses pleurs éternels.

devrais oublier mon ami ? » Tu lui assures un bref séjour dans ton souvenir s'il ne doit y rester que le temps que durera ta douleur. Bientôt un hasard fera renaître le rire sur ton visage ; pas besoin même de s'en remettre au temps, qui adoucit tous les regrets et calme les deuils les plus cruels. Dès que tu auras cessé de t'observer, l'image de la tristesse s'évanouira : à présent tu surveilles toi-même ta douleur, mais elle échappera aussi à ta vigilance, et cessera d'autant plus vite qu'elle est plus vive. Faisons tout pour nous souvenir avec plaisir de nos amis disparus ; personne n'aime à revenir sur des pensées qui s'accompagnent de tortures. Si pourtant il est nécessaire d'éprouver une souffrance quand le nom de ceux que nous avons aimés ressurgit, cette souffrance est indissociable d'une forme de plaisir.

Comme le disait souvent notre cher Attale [1], « le souvenir de nos amis défunts est suave et âpre à la fois, comme un vin trop vieux dont l'amertume nous plaît ; mais après quelque temps toute l'âpreté disparaît et ne reste en nous qu'un plaisir sans mélange ».

Si nous l'en croyons, « penser que nos amis sont toujours vivants, c'est nous régaler de miel et de gâteau ; le souvenir de ceux qui ne sont plus est un plaisir mêlé d'amertume. Or qui niera que les mets amers et un peu âcres sont un excitant pour l'estomac ? ». Je ne suis pas de cet avis ; pour moi, le souvenir de mes amis défunts est doux : quand je les avais près de moi, je me disais que je devais les perdre ; maintenant que je les ai perdus, je me dis que je les ai toujours près de moi !

Fais donc, mon cher Lucilius, ce qui convient à ta pondération naturelle ; cesse de mal interpréter les bienfaits de la Fortune. Elle les a repris, mais elle les avait donnés. Profitons pleinement de nos amis, puisqu'on ne sait combien de temps durera ce bonheur. Songeons que bien des fois nous les avons abandonnés pour un long voyage à l'étranger ; que bien des fois, tout en habitant le même lieu qu'eux, nous avons négligé de

1. Attale : philosophe stoïcien, vanté par Sénèque le père.

leur rendre visite : nous comprendrons alors qu'il y a eu plus de temps perdu que mis à profit, et cela de leur vivant.

Peut-on admettre que ceux qui ont gravement négligé leurs amis les pleurent ensuite abondamment, et ne montrent leur amour qu'après le décès ? Si l'on s'afflige si violemment, c'est que l'on craint de ne pas avoir montré un attachement très vif ; on cherche avec bien du retard à donner des preuves de son affection. Si nous avons d'autres amis, nous les traitons et les jugeons bien mal, puisqu'ils ne suffisent pas à nous consoler de la perte d'un seul[1]. Si nous n'en avons pas, le tort que nous nous faisons à nous-mêmes est plus grave que celui qui nous est infligé par le sort. Il ne nous en a enlevé qu'un : nous n'avons pas pu nous en faire un seul autre ! Et puis, on n'en a même pas vraiment aimé un, quand on n'a pas pu en aimer plus d'un. Si un homme dépouillé de la seule tunique qu'il possédait préférait rester à se lamenter plutôt que de chercher un moyen d'échapper au froid et un vêtement dont se recouvrir les épaules, tu le prendrais pour un pauvre fou, n'est-ce pas ? Tu as enseveli celui que tu aimais : cherche celui que tu vas aimer. Mieux vaut remplacer un ami que le pleurer.

Je sais que les remarques que je vais ajouter sont banales ; tout le monde les fait : est-ce une raison pour que je les omette ? Si on ne peut mettre fin à sa douleur par la volonté, c'est le temps qui s'en chargera. Mais c'est une honte pour un sage que de guérir sa douleur simplement parce qu'il est las de souffrir. Abandonne ta peine avant d'être abandonné par elle, je t'en prie ! Mets tout de suite un terme à ce que tu ne saurais continuer longtemps de faire, malgré ton désir. Nos ancêtres instituèrent une année de deuil pour les veuves, non pour le faire durer tout ce temps, mais pour qu'il ne se prolonge pas au-delà. Pour les hommes, il n'y a point

_____

1. Dans la *Consolation à Marcia,* Sénèque évoque le cas d'Octavie, sœur d'Auguste, pleurant durant tout le reste de sa vie son fils Marcellus, « non sans outrager ainsi ses proches ».

de temps légal, parce qu'il n'y en a point de raisonnable. Et pourtant, parmi ces pauvres femmes, qu'on eut tant de peine à détourner du bûcher et à arracher au cadavre de leur époux, m'en citeras-tu une seule qui continua de pleurer pendant un mois entier[1] ? Rien ne devient plus vite détestable que la douleur : quand elle est de fraîche date, elle trouve un consolateur, et attire à elle quelques amis ; mais quand elle dure depuis longtemps, elle prête à rire. Et cela non sans raison, car il s'agit ou de simulation ou de folie !

Et moi qui t'écris ces lignes, j'ai pleuré Annaeus Sérénus[2], un ami que j'aimais tendrement, avec tant d'excès que, à mon grand regret, je me place parmi ceux que la douleur a terrassés. Aujourd'hui cependant, je condamne mon attitude et je comprends que la cause essentielle d'une telle souffrance était que je n'avais pensé qu'il pût mourir avant moi. Je ne voyais qu'une chose : il était plus jeune, et même beaucoup plus jeune que moi. Comme si la mort respectait un ordre de passage ! Il faut toujours penser que, comme nous, nos amis sont mortels. J'aurais dû dire alors : « Mon cher Sérénus est plus jeune : qu'importe ? Il doit mourir après moi, mais il peut mourir avant moi. » Je ne l'ai pas fait, et le destin m'a surpris en le frappant tout d'un coup. À présent, je pense que tout est mortel et donc soumis à la loi du hasard. Aujourd'hui précisément peut arriver tout ce qui peut aussi arriver n'importe quel jour. Songeons donc, Lucilius, très cher ami, que nous toucherons bien vite au terme où, à notre grand regret, a touché ton ami. Et peut-être, si du moins les sages ont raison de proclamer qu'il existe un lieu où nous nous retrouverons tous, celui que nous croyons avoir perdu n'a-t-il fait que nous précéder. Adieu.

---

1. On pense à l'histoire de la veuve d'Éphèse, dans le *Satyricon*.
2. Annaeus Sérénus fut préfet des vigiles sous Néron. Sénèque lui dédia le traité *De la tranquillité de l'âme*.

# LETTRE LXX

## DU SUICIDE

Après des années, j'ai revu ton cher Pompéi[1] : je me suis retrouvé face à mon adolescence. Tout ce que j'y avais fait dans ma jeunesse, il me semblait que je pouvais encore le faire et que je l'avais fait tout récemment. Notre vie est un voyage en mer, Lucilius ; et, pour citer notre Virgile, nous voyons comme dans une traversée « reculer la terre et les villes[2] ». De même dans cette course folle du temps, nous perdons de vue l'enfance d'abord, l'adolescence ensuite, puis toute la période qui s'étend entre l'âge adulte et la vieillesse et participe de l'un et de l'autre, suivie des meilleures années de la vieillesse ; enfin apparaît le terme commun à tout le genre humain. Nous pensons, dans notre folie, affronter un écueil : en réalité, c'est un port qu'il faut parfois chercher à gagner, et où l'on ne doit jamais refuser d'entrer. Si nous y sommes portés dans nos premières années, il ne faut pas plus nous en plaindre que le marin qui arrive rapidement à destination : tantôt, tu le sais, les vents tombent, se jouent de lui, le retiennent et finissent par le dégoûter de ce calme qui lui impose une course si lente ; tantôt un souffle tenace le pousse rapidement jusqu'à son but. Dis-toi qu'il en est de même pour nous : tantôt la vie nous amène très vite

1. Lucilius y possédait une villa.
2. *Enéide*, III, 72.

là où il nous faut arriver, même si nous faisons des détours ; tantôt elle nous affaiblit et nous consume à petit feu. Il ne faut pas la conserver coûte que coûte, car l'important n'est pas de vivre mais de bien vivre.

Aussi le sage vit-il autant qu'il le doit et non autant qu'il le peut. Il verra où il doit mener son existence, en quelle compagnie, comment, et ce qu'il doit faire. Il pense toujours à la qualité de son existence et non à sa durée : s'il est confronté à de nombreux ennuis de nature à troubler sa tranquillité, il se libère. Il n'attend pas d'en être arrivé à la dernière extrémité pour le faire, mais, dès que la fortune commence à lui être suspecte, il examine attentivement s'il doit s'arrêter là. Peu lui importe de se donner la mort ou de la recevoir, de la voir arriver plus tôt ou plus tard : pour lui, il n'y a pas là de dommage à craindre. On ne peut perdre beaucoup du liquide qui tombe goutte à goutte ! Mourir plus tôt ou plus tard, quelle importance ? Bien mourir ou mal mourir, voilà l'important. Or bien mourir c'est échapper au danger de vivre mal. C'est pourquoi je trouve très lâche le mot de ce Rhodien qui, jeté dans une cage par un tyran et nourri comme une bête sauvage, répondit à quelqu'un qui lui conseillait de cesser de manger : « Tant qu'il vit, un homme peut tout espérer ! » A supposer que cela soit vrai, on ne doit pas acheter la vie à n'importe quel prix. Certes, il existe de grands avantages, et sûrs, mais je ne m'abaisserai pas pourtant à avouer ma faiblesse pour les obtenir : devrais-je croire que la fortune peut tout pour celui qui vit ? Ne devrais-je pas plutôt penser que la fortune ne peut rien sur celui qui sait mourir ?

Parfois cependant, même si une mort certaine le menace et s'il sait qu'il n'échappera pas au supplice, il ne prêtera pas la main lui-même à son exécution. C'est une sottise de mourir par crainte de la mort ! On vient te tuer : attends ! Pourquoi le devancer ? Pourquoi te charger à la place d'un autre de cet acte de cruauté ? Envies-tu ton bourreau ou bien veux-tu l'épargner ? Socrate aurait pu ne pas toucher à sa nourriture et mourir de faim plutôt que par empoisonnement ; pourtant, il resta trente jours en prison dans l'attente de la mort. Il ne s'imaginait pas que tout pût arriver et qu'avec un si long répit tous les espoirs fussent permis, mais voulait se soumettre aux lois et permettre à ses amis de jouir des derniers jours de Socrate. Quelle sottise c'eût été de mépriser la mort et de redouter le poison !

Scribonia, une femme de tête, était la tante de Drusus Libon [1], jeune homme aussi stupide que noble et dont les ambitions dépassaient toute mesure, aussi bien pour son époque que pour toute autre. On le rapportait du sénat, malade, dans sa litière, escorté de quelques personnes seulement (tous ses amis l'avaient honteusement abandonné, non comme un coupable mais comme un mort) ; il se demanda alors s'il se donnerait lui-même la mort ou s'il l'attendrait. « Quel plaisir trouverais-tu, lui dit Scribonia, à faire le travail d'un autre ? » Elle ne réussit pas à le convaincre et il se tua : non sans raison, car attendre le bon vouloir de son ennemi pour mourir trois ou quatre jours plus tard, c'est faire le travail d'un autre.

On ne saurait donc donner une règle universelle qui permettrait de savoir, dans les cas où un arrêt de mort pèse sur nous, s'il faut la prévenir ou l'attendre. Il y a bien des arguments pour chacune des deux thèses. S'il faut d'un côté subir des tortures et que de l'autre elle soit simple et facile, pourquoi ne pas choisir la seconde solution ? Je choisis le bateau sur lequel je vais voyager : je peux tout aussi bien choisir la façon dont je vais quitter la vie ! En outre, si la vie la plus longue n'est pas forcément la meilleure, la mort la plus longue n'est pas forcément la pire. Pour la mort plus que pour aucune autre affaire, nous devons suivre notre conviction intime. La vie s'échappera comme bon lui semblera, soit par le fer, soit par la corde, soit par le poison : l'essentiel est d'arriver au terme et de briser les liens de

---

1. Petit-fils de Sextus Pompée, le plus jeune fils de Pompée. Le récit de sa mort figure au livre XVII des *Annales* de Tacite.

l'esclavage. Notre vie, il faut la soumettre aussi à l'approbation d'autrui ; pour notre mort, la nôtre suffit. La meilleure est celle qui nous plaît.

Quelle sottise que des objections comme celles-ci : « on dira que j'ai manqué de courage ; ou bien que j'ai agi à la légère ; ou bien encore que j'aurais pu choisir un genre de mort plus énergique. » Mais veux-tu bien considérer que la décision est entre tes mains et ne regarde pas l'opinion publique ? Ne songe qu'à te soustraire le plus vite possible aux assauts de la fortune : il y aura de toute façon des gens pour critiquer ton acte. Tu trouveras même des professeurs de sagesse pour te refuser le droit de mettre fin à tes jours et déclarer qu'il est sacrilège de se donner la mort : il faudrait attendre la fin fixée par la nature. Celui qui parle ainsi ne voit pas qu'il ferme le chemin de la liberté. La loi éternelle n'a rien fait de mieux que de donner à notre vie une seule entrée, mais de nombreuses sorties. Ainsi je devrais attendre la cruauté de la maladie ou d'un homme, alors que je peux échapper aux supplices et me libérer de l'adversité ? Le seul motif que nous ayons de ne pas nous plaindre de la vie, c'est qu'elle ne retient personne. La condition humaine est bonne du fait que personne n'est malheureux que par sa propre faute. La vie te plaît ? Vis. Elle ne te plaît pas ? Tu peux retourner d'où tu viens. Pour soulager un mal de tête, tu t'es souvent fait faire une saignée ; pour laisser échapper ses forces on s'ouvre une veine : point n'est besoin de se déchirer la poitrine d'une profonde blessure ; d'un coup de scalpel on ouvre la voie vers la grande liberté et avec une piqûre on trouve la sécurité.

Qu'est-ce donc qui nous rend paresseux et mous ? C'est qu'aucun de nous ne songe qu'un jour ou l'autre il lui faudra quitter ce domicile. Ainsi, par faiblesse et par habitude, les vieux locataires veulent-ils rester dans leur maison même si elle tombe en ruines. Veux-tu être libre à l'égard de ton corps ? Habite-le comme si tu étais de passage seulement. Pense qu'un jour tu n'auras plus ce logement : ainsi tu seras plus courageux quand tu devras

en partir. Mais comment imaginer sa propre fin quand
on a des désirs sans limites ? Aucune méditation n'est
plus nécessaire : sur d'autres sujets, il se peut qu'elle
soit superflue. Ton âme est-elle prête à affronter la
pauvreté ? Tu as toujours ta fortune. Nous sommes-
nous armés contre la douleur ? On n'aura jamais à faire
l'expérience de ce courage si l'on jouit de toute sa santé.
A-t-on travaillé à supporter courageusement la perte
des êtres chers ? Par chance tous ceux que nous aimons
sont restés en vie. Ce courage-là est le seul dont on soit
sûr de devoir faire la preuve un jour.

   Ne crois surtout pas que seuls les grands hommes
aient eu la force de rompre les chaînes qui tiennent
l'homme en esclavage. Caton n'a pas été le seul capable
d'arracher de ses mains l'âme que son épée n'avait pas
réussi à lui enlever [1] : des hommes de la plus humble
condition ont su avec beaucoup de bravoure se mettre
en sécurité ; et s'ils n'ont pu mourir à leur gré, ni choisir
selon leur désir l'instrument de leur mort, ils ont saisi ce
qu'ils avaient sous la main et transformé en armes par
leur courage des objets naturellement inoffensifs.
Récemment, lors d'un combat de gladiateurs contre des
bêtes sauvages, un Germain qui devait participer au
spectacle du matin s'écarta pour soulager un besoin
naturel : il n'avait aucun autre moyen d'échapper aux
regards. Il prit le bâton auquel est fixée l'éponge qui sert
à s'essuyer, l'enfonça tout entier dans sa gorge et
mourut étouffé. « C'était faire injure à la mort ! » Oui,
sans doute. « Comme c'est malpropre, comme c'est
inconvenant ! » Mais qu'y a-t-il de plus sot que de
mourir en faisant la fine bouche ? O l'homme courageux ! Il était digne de choisir sa mort ! Avec quel
courage il se serait servi d'une épée ! Avec quelle
vaillance il se serait jeté dans les profondeurs de la mer
ou du haut d'un rocher abrupt ! Démuni de tout, il

---

1. Caton, après la victoire de César en Afrique, enfonça son épée
au-dessous de la poitrine. La blessure n'était pas mortelle, un médecin
le soigna. Mais Caton arracha le bandage, rouvrit la plaie et expira.
« O Caton, s'écria César, tu m'as enlevé la gloire de te sauver la vie ! »

trouva le moyen de ne devoir qu'à lui-même sa mort et son arme : tu vois que pour mourir il n'est besoin que de le vouloir. Chacun pensera ce qu'il voudra du geste de cet homme décidé : il reste évident que la mort la plus répugnante est préférable à la plus belle des cages dorées.

Puisque j'ai entrepris de citer des exemples pris dans la vie quotidienne, je vais continuer. On sera plus exigeant avec soi-même si on voit que la mort est parfois méprisée par les hommes les plus méprisables. Les Caton, les Scipion et tous ceux qu'on propose à notre admiration nous paraissent se situer à un niveau trop élevé pour pouvoir être imités. Mais ce courage, on le trouve aussi fréquemment chez les gladiateurs que chez les généraux des guerres civiles, et je vais le prouver. Il n'y a pas longtemps, un condamné était emmené dans une charrette par des gardes à l'arène pour le spectacle du matin. Il chancela comme accablé de sommeil et baissa la tête de manière à la coincer dans les rayons d'une roue ; il resta dans cette position jusqu'à ce que la roue en tournant lui eût brisé la nuque : le même véhicule qui le menait au supplice lui permit d'échapper au supplice.

Rien n'arrête celui qui veut briser ses liens et s'échapper. La nature nous garde à l'air libre. Celui à qui son destin le permet devra chercher une sortie facile ; celui qui a sous la main plusieurs moyens de se délivrer devra faire son choix en examinant la meilleure voie pour se libérer ; celui qui n'a pas la chance de trouver une occasion facile prendra la première qui se présentera, même si elle est nouvelle et sans précédent. Quand on a du courage, on ne manque pas d'idées pour mourir. Regarde les derniers des esclaves : quand la douleur se fait trop vive, ils savent eux aussi rester à l'affût et tromper les gardiens les plus vigilants. C'est un grand homme, celui qui non seulement décide de mourir mais trouve le moyen de le faire.

Je t'ai promis de t'offrir plusieurs exemples du même

genre. Au cours de la seconde naumachie [1], un barbare se plongea jusqu'au fond de la gorge la lance qu'il avait reçue pour attaquer ses adversaires : « Pourquoi ne pas échapper tout de suite à toutes les souffrances, à tous les outrages ? Pourquoi attendre la mort alors que j'ai une arme ? » Le spectacle fut d'autant plus grandiose qu'il est plus beau pour un homme d'apprendre à mourir qu'à tuer. Eh quoi ! La grandeur qu'on trouve chez des misérables et des criminels, on ne la rencontrera pas chez ceux qui se sont armés contre les accidents de cette sorte grâce à une longue méditation et grâce à la raison, maîtresse universelle ? Celle-ci nous enseigne que les voies du destin sont variées, mais que le terme est toujours le même ; peu importe le point de départ, puisque le lieu d'arrivée est identique. La raison nous prescrit, si possible, de mourir sans douleur ; sinon, d'employer n'importe quel moyen, de saisir le premier objet venu, pour mettre fin à notre vie. Il est honteux de vivre de ce qu'on a volé ; mais voler pour mourir, rien n'est plus beau ! Adieu.

---

1. Les naumachies étaient des spectacles de combat naval pour lesquels on transformait l'arène en bassin.

# LETTRE LXXVIII

## IL NE FAUT PAS CRAINDRE
## LA MALADIE

Tu souffres fréquemment de catarrhes et de légers accès de fièvre, consécutifs à de longs rhumes devenus chroniques : cela me chagrine d'autant plus que je suis moi-même sujet à ce genre d'affection. Au début, je n'y faisais pas attention : j'étais jeune, je pouvais encore supporter ces ennuis et me défendre sans faiblir contre les diverses maladies. Plus tard j'ai succombé à leurs assauts et j'en suis arrivé à fondre complètement : je suis devenu d'une maigreur extrême. Bien souvent l'envie m'a pris de mettre fin à mes jours ; mais le grand âge de mon père que j'adorais m'a retenu[1]. Je n'ai pas pensé au courage que j'aurais pour mourir, mais au courage qui lui manquerait pour supporter ma perte. Je me suis donc imposé de vivre : le simple fait de vivre est parfois un acte de courage. Quelles consolations ai-je alors trouvées ? Je vais te le dire, mais je voudrais d'abord te montrer que les pensées qui m'ont apporté la paix eurent sur moi l'effet d'un médicament. Les consolations qu'apportent les réflexions morales ont une vertu curative et tout ce qui relève l'âme est aussi utile au corps : mes études m'ont sauvé. C'est à la philosophie que je dois mon rétablissement et le retour de mes forces ; je lui dois la vie, et c'est la moindre de mes

1. Sénèque dit « le rhéteur », né en 55 av. J.-C. et mort en 39 apr. J.-C.

dettes à son égard. Mes amis ont beaucoup contribué à ma guérison, en me soulageant par leurs exhortations, leurs nuits de veille, leurs entretiens. Rien, mon cher Lucilius, ne rétablit et ne ranime autant un malade que l'affection de ses amis ; rien ne le soustrait mieux à l'attente et à la crainte de la mort. Je ne pensais pas pouvoir mourir, puisque je les laissais vivants après moi. Oui, je pensais que je survivrais sinon avec eux, du moins par eux ; il me semblait ne pas devoir rendre l'âme mais la leur transmettre. Voilà ce qui m'a donné la volonté de m'aider moi-même et de supporter toutes mes souffrances : ce serait vraiment bien triste, ayant eu le courage d'envisager la mort, de ne pas avoir celui de mourir.

Fais donc confiance à ces remèdes. Le médecin te prescrira des promenades, des exercices ; il te détournera de l'inaction, à laquelle on se laisse aller quand on a une santé chancelante ; il t'engagera à lire à haute voix pour exercer ta respiration, ce qui fera du bien à ton larynx et à tes poumons malades, à te promener en mer pour donner un léger mouvement à tes intestins, à observer un régime, à boire parfois du vin pour reprendre des forces, et parfois à t'en abstenir pour ne pas aggraver et exaspérer ta toux. Mais voici le remède que moi je te prescris, non seulement pour cette maladie mais aussi pour ta vie entière : méprise la mort. On n'est plus jamais malheureux quand on ne la craint plus.

Dans toute maladie il y a trois graves ennuis : la crainte de la mort, la souffrance physique, la suspension des plaisirs. La mort, j'en ai suffisamment parlé ; j'ajouterai seulement ceci : cette crainte n'est pas liée à la maladie mais à notre nature. Pour beaucoup de gens, la maladie a retardé la mort : ils n'ont été sauvés que parce qu'ils croyaient mourir. Tu mourras, non parce que tu es malade, mais parce que tu vis. C'est cela qui t'attend même une fois guéri ; en recouvrant la santé, tu n'échapperas pas à la mort, mais à la maladie.

Mais venons-en maintenant aux ennuis propres à la maladie. Elle nous impose de cruelles souffrances.

Pourtant des répits les rendent tolérables : le paroxysme
de la douleur en annonce le terme. On ne peut souffrir
énormément sur une longue durée ; ainsi l'a voulu la
nature, notre mère très aimante : la douleur est supportable ou courte. Les souffrances les plus pénibles ont
pour siège les parties les plus sèches du corps : les nerfs,
les articulations et en général tous les endroits dépourvus de chair, donnent prise aux sensations les plus
atroces, quand s'y loge le mal. Mais bien vite ces parties
s'engourdissent et la douleur même leur ôte la sensation, soit parce que le souffle vital, détourné de son
cours naturel, s'altère et perd cette vigueur qui informe
notre centre sensitif, soit parce que l'humeur corrom-
pue, ne pouvant plus s'écouler, reflue sur elle-même et
supprime toute sensibilité aux régions où elle s'est
accumulée. Ainsi la goutte aux pieds et aux mains,
toutes les douleurs qui touchent les vertèbres et les
nerfs, laissent du répit, quand elles endorment les
endroits qu'elles torturaient. Dans toutes ces affections,
c'est la première phase qui est la plus pénible ; avec le
temps, les crises sont moins intenses et l'engourdissement met fin à la douleur. Les maux de dents, d'yeux et
d'oreilles ne sont si violents que parce qu'ils prennent
naissance sur une surface minime du corps ; c'est
exactement la même chose pour les maux de tête :
quand ils deviennent insoutenables, ils tournent à l'hé-
bétude et à la torpeur. On peut donc se consoler d'une
grave souffrance en pensant que nécessairement on
cessera de la ressentir si on la ressent trop vivement.
Pourquoi les ignorants supportent-ils mal la souffrance
physique ? Parce qu'ils n'ont pas l'habitude d'être attentifs à leur âme, tout occupés qu'ils sont de leur corps.
Voilà pourquoi le sage, l'homme supérieur, détache son
âme de son corps et entretient surtout des relations avec
la meilleure partie de son être, la partie divine ; avec
l'autre, qui dans sa fragilité ne cesse de se plaindre, il
s'en tient au strict nécessaire.

« Mais il est bien ennuyeux, me diras-tu, d'être privé
de ses plaisirs habituels, de se mettre au régime, d'avoir

faim et soif. » Oui, au début, ces privations sont pénibles ; ensuite le désir s'apaise, car les organes qui le provoquent sont fatigués et malades. De là les refus de notre estomac ; de là le dégoût des mets dont on était friand ; nos envies même ont disparu. Mais il n'y a rien de terrible à être privé de ce qu'on ne désire plus. Ajoute à cela qu'il n'existe pas de souffrance sans répit ou du moins sans accalmie. Et puis, on peut se prémunir contre le mal à venir et, quand il menace, le combattre avec des remèdes : il s'annonce toujours par des signes avant-coureurs, surtout s'il est chronique. On peut très bien endurer la maladie, quand on méprise ce qui risque d'arriver à la fin !

N'aggrave pas toi-même ton mal et ne t'accable pas de tes propres plaintes. La douleur est légère si on ne l'empire pas par l'idée que l'on s'en fait. Au contraire, si tu te donnes des encouragements en te répétant : « Ce n'est rien », ou du moins : « Ce n'est pas grand-chose ; patientons, c'est presque fini », tu la rendras légère en te disant qu'elle l'est.

Tout dépend de l'idée qu'on a des choses : cela n'est pas vrai seulement de l'ambition, de l'intempérance sexuelle, de la cupidité, mais aussi de la douleur. On n'est malheureux que dans la mesure où on croit l'être. Il faut, à mon avis, cesser de se plaindre des douleurs passées et de se complaire à des lamentations de ce genre : « Personne n'a souffert plus que moi ! Quelles tortures, quelles misères j'ai endurées ! Tout le monde me donnait pour perdu. Que de fois j'ai été pleuré par mes proches, abandonné par mes médecins ! On est moins martyrisé sur un chevalet de torture ! » Même si tout cela est vrai, c'est du passé. À quoi bon revenir sur des souffrances disparues et se rendre malheureux parce qu'on l'a été ? Il est certain qu'on exagère toujours son mal et qu'on se ment à soi-même ; et puis on a plaisir à mettre au passé des moments particulièrement péni- bles : il est naturel qu'on se réjouisse de voir finir son mal. Il y a donc deux défauts à extirper : la crainte de la mort d'une part, le rappel des misères qu'on a endurées d'autre part ; ceci ne m'intéresse plus, cela ne me touche pas encore. Il faut dire, au moment même où l'on se trouve aux prises avec les difficultés :

« Peut-être m'en souviendrai-je un jour avec plaisir. »

Il faut lutter de toutes ses forces contre la douleur : on sera vaincu si on recule ; on vaincra si on tient bon face à elle. Mais que font la plupart des hommes ? Ils attirent sur leur tête la chute qu'il eût fallu empêcher ; cette masse nous menace, elle est sur notre tête, elle va s'écrouler : si tu te retires, elle te suit et s'écrase plus lourdement sur toi ; si au contraire tu restes ferme, si tu décides de résister, tu la repousseras. Regarde les athlètes : que de coups ils reçoivent sur la figure et sur tout le corps ! Et pourtant, ils supportent tout par amour de la gloire ; et s'ils font preuve d'une telle endurance, ce n'est pas seulement parce qu'ils combattent mais aussi pour arriver à combattre, car leurs exercices d'entraînement sont eux-mêmes de terribles souffrances. Nous aussi, nous devons remporter la victoire : le prix n'en sera pas une couronne, ni une palme ni une fanfare qui imposerait le silence pour la proclamation de notre nom : ce sera la vertu, la force morale, la paix définitive si une fois au cours d'un combat nous avons renversé la Fortune.

« Mais je sens une vive douleur ! » Comment pourrais-tu ne pas la sentir, si tu ne la supportes pas mieux qu'une femme ? L'ennemi est plus dangereux pour les fuyards : de même les misères imposées par le sort menacent davantage celui qui recule et tourne le dos. « Mais j'ai mal ! » Eh quoi ! Notre force ne nous sert-elle qu'à porter des charges légères ? Que préfères-tu ? Une maladie longue ou violente et brève ? Si elle est longue, elle a des intermittences ; elle donne des occasions de se rétablir et laisse beaucoup de temps : nécessairement, elle va jusqu'au paroxysme puis s'arrête. Brève et d'évolution rapide, elle a deux issues possibles : ou bien elle disparaîtra ou bien elle me fera disparaître. Mais que ce soit elle ou moi, qu'importe ? Dans les deux cas, c'est la fin de la souffrance.

On aura aussi intérêt à tourner son esprit vers d'autres pensées pour le distraire de la douleur. Songe aux actes vertueux et courageux que tu as accomplis ; passe en revue tous les bons rôles que tu as tenus ; évoque le souvenir des faits qui entre tous ont excité ton admiration. Pense alors à tous les hommes les plus courageux, à ceux qui ont vaincu la douleur : l'un a continué de lire tandis qu'on lui extrayait des varices ; l'autre n'a cessé de rire alors que les bourreaux rendus furieux exerçaient sur lui les instruments de torture les plus raffinés. La raison ne triomphera-t-elle pas de la douleur, quand le rire y est parvenu ? Tu peux bien évoquer toutes les maladies que tu voudras : catarrhes, quintes de toux incessantes qui arrachent les poumons, fièvre qui brûle les entrailles, tourments de la soif, membres tordus et articulations déformées : tout cela est moins douloureux que la flamme, le chevalet, les lames brûlantes et le fer enfoncé à même les plaies tuméfiées, pour les rouvrir et les creuser[1]. Au milieu de ces supplices, un homme pourtant n'a pas gémi ; mieux : il n'a rien demandé ; mieux : il n'a rien répondu ; mieux encore : il a ri, et même de tout son cœur. Veux-tu bien, après cela, te moquer de la souffrance ?

« Mais, diras-tu, la maladie ne me laisse rien faire : elle m'écarte de tous mes devoirs. » Elle s'est emparée de ton corps, non de ton âme. Ainsi, elle retient les pieds du coureur, les mains du cordonnier ou du forgeron, mais c'est de ton esprit que tu te sers ordinairement ; tu pourras toujours conseiller, enseigner, écouter, apprendre, interroger, utiliser ta mémoire. Quoi ! N'est-ce rien pour toi que d'être un malade patient ? Tu montreras alors qu'on peut triompher de la maladie, ou du moins la supporter. Crois-moi, même dans un lit, on trouve l'occasion de faire preuve de courage. Ce n'est pas seulement sous les armes et sur le champ de bataille qu'on peut montrer une âme énergique et intrépide : même sous les couver-

---

1. Peut-être une allusion à la mort de Caton.

tures, on reconnaît un homme courageux. Tu as de quoi faire : lutte vaillamment contre la maladie ; si elle ne t'impose pas sa loi, si elle ne gagne rien sur toi, alors tu offres un bel exemple. Ah ! quel beau sujet de gloire si nous pouvions être vus lors de nos maladies ! Sois donc ton propre spectateur ; fais ton propre éloge.

Par ailleurs, il y a deux sortes de plaisirs : ceux du corps, la maladie les interrompt, sans pour autant les supprimer ; et même, pour être exact, elle les stimule. Quand on a soif, on trouve plus de plaisir à boire ; on trouve la nourriture plus savoureuse quand on a faim ; après une période de diète, on mange tout ce qui se présente avec plus d'appétit. Mais les plaisirs de l'âme, qui sont plus élevés et plus sûrs, aucun médecin ne les interdit au malade ; quand on les recherche et qu'on sait en user, on ne peut que mépriser tout ce qui flatte les sens. « Ô le pauvre malade ! » Et pourquoi ? Parce qu'il ne fait pas fondre de neige dans son vin ? Parce qu'il ne peut rafraîchir le mélange qu'on lui a versé dans une coupe géante, en rajoutant une couche de glace pilée ? Parce qu'on ne lui ouvre pas sur sa table des huîtres du Lucrin [1] ? Parce qu'il n'est pas entouré d'une troupe affairée de cuisiniers qui apporterait les plats posés sur des réchauds ? Voici en effet la dernière trouvaille de notre sensualité : de peur que les mets ne refroidissent et que notre palais endurci n'en sente pas assez la chaleur, on transporte la cuisine avec les plats. Ô le pauvre malade ! Il ne mangera que ce qu'il peut digérer ; on n'exposera pas sous ses yeux un sanglier qu'il renverrait ensuite comme une viande médiocre ; on n'entassera pas dans son garde-manger des poitrines d'oiseaux (la vue d'un oiseau entier, n'est-ce pas, quelle horreur !). Quelle importance pour toi ? Tu suivras le régime d'un homme malade, ou plutôt, pour une fois, d'un homme bien portant !

1. Les vins que buvaient les Romains étaient lourds et capiteux ; on les mélangeait dans les cratères à de l'eau refroidie avec de la neige, qu'on faisait venir à grands frais. Le lac Lucrin, situé en Campanie, était célèbre pour ses huîtres.

Mais nous supporterons facilement toutes ces nécessités, les tisanes, l'eau chaude, tout ce qui paraît intolérable à nos délicats, affaiblis par les excès et moins malades de corps que d'esprit : renonçons seulement à trembler devant la mort. Nous pourrons y renoncer si nous arrivons à définir les biens et les maux : alors enfin nous n'aurons ni dégoût de la vie ni crainte de la mort. On ne saurait être rassasié de la vie quand elle offre tant de variété, de grandeur et de divinité ; c'est la paresse et l'inactivité qui nous la font prendre en haine. Celui qui se consacre à l'étude de la nature ne se fatiguera jamais de la vérité : c'est de l'erreur qu'il se lassera. D'un autre côté, si la mort arrive et l'appelle, même prématurément, même au milieu de sa carrière, il a depuis longtemps récolté les fruits de la vie : la nature lui est connue en grande partie. Il sait que le temps n'ajoute rien à une existence consacrée au bien. En revanche, la vie paraît nécessairement courte à ceux qui la mesurent à l'aune de plaisirs qui sont vains et par conséquent sans limites.

Refais-toi une santé avec ces réflexions et en relisant mes lettres. Un jour viendra où nous nous retrouverons pour nous réunir : si peu de temps que nous ayons alors, nous en aurons beaucoup si nous savons l'utiliser. Comme le dit Posidonius [1], « un seul jour pour un sage est plus long que la vie la plus longue pour un ignorant ». En attendant, tiens-toi fermement à ce principe et n'en démords pas : ne pas se laisser terrasser par l'adversité, ne pas se fier à la prospérité, ne jamais perdre de vue le total arbitraire de la Fortune, en se disant qu'elle fera tout ce qu'elle a le pouvoir de faire. Le mal qu'on a longtemps attendu est plus léger quand il finit par nous toucher. Adieu.

---

1. Philosophe du I$^{er}$ siècle avant J.-C. Il ouvrit une école à Rhodes, où il essaya de concilier les doctrines de Platon, d'Aristote et des stoïciens.

# LETTRE LXXXVI

## LA SALLE DE BAINS
## DE SCIPION L'AFRICAIN

Je fais un séjour dans la maison de campagne de Scipion [1], et c'est là que je t'écris ces lignes, après avoir adoré ses mânes et l'autel qui selon moi est le tombeau de cet homme d'exception. Je suis sûr que son âme est retournée au ciel, d'où elle était venue, non parce qu'il a commandé de grandes armées (Cambyse [2], avec une folie furieuse qui lui réussit, en fit autant), mais pour sa modération et son sens du devoir remarquables, et plus admirables encore au moment où il quitta sa patrie qu'à celui où il la défendit. Scipion devait renoncer à Rome ou Rome à la liberté. « Je ne veux pas, déclara-t-il, déroger si peu que ce soit aux lois et aux institutions ; la justice doit être la même pour tous les citoyens ; jouis sans moi du bien que je t'ai fait, ô ma patrie ! Grâce à moi tu conservas ta liberté : tu l'as toujours, je vais le prouver. Je m'en vais, puisque ma grandeur menace à présent ton intérêt. » Comment ne pas admirer cette grandeur d'âme, qui le fit volontairement s'exiler pour soulager Rome ? On en était arrivé au point que la liberté devait faire tort à Scipion ou Scipion à la liberté. Dans chacun des cas, il y avait sacrilège ; il laissa donc la

1. Scipion l'Africain, vainqueur d'Hannibal, accusé de concussion par ses ennemis, dut se retirer des affaires publiques en 185 avant J.-C. et s'exiler.
2. Cambyse, fils de Cyrus, fut roi de Perse au vie siècle avant J.-C. Il fut pris d'une folie furieuse qui souleva son peuple contre lui.

place aux lois et se retira à Literne[1] : il dut imputer son exil à la République, tout comme Hannibal.

J'ai vu sa maison, construite en pierres de taille ; le mur est entouré d'arbres ; des tours s'élèvent de chaque côté du bâtiment pour le protéger ; une citerne est aménagée au pied des constructions : elle pourrait suffire aux besoins de toute une armée ; la salle de bains est étroite, obscure, selon le goût d'autrefois : nos ancêtres pensaient que la chaleur ne pouvait se conserver que dans l'ombre[2]. J'eus grand plaisir à considérer la différence qui sépare les mœurs de Scipion des nôtres. C'est donc dans ce recoin que la terreur de Carthage, à qui Rome doit de n'avoir été prise qu'une seule fois[3], prenait son bain, après s'être épuisé à travailler la terre (il s'était donné cette tâche et, suivant la coutume de nos pères[4], cultivait lui-même ses champs). C'est sous cet humble toit qu'il vécut ; c'est ce vulgaire pavé qu'il foula de ses pieds !

Mais aujourd'hui, qui supporterait de se laver dans de telles conditions ? On se croit pauvre et misérable, si les parois de sa salle de bains ne sont pas recouvertes de plaques de marbre étincelantes qui coûtent les yeux de la tête ; si le marbre d'Alexandrie n'est pas orné d'incrustations de marbre numidique[5] ; si autour de chaque mur ne court pas une décoration recherchée, aussi travaillée pour la couleur qu'une peinture ; si le plafond n'est pas dissimulé par une verrière ; si la pierre de Thasos[6], que jadis on ne voyait que dans quelques rares temples, n'entoure pas la piscine, où l'on plonge

1. En Campanie.
2. On se reportera à la lettre LI où Sénèque évoque cette même maison de Literne, digne retraite d'un homme aussi vertueux que Scipion, et tellement différente des luxueuses propriétés de Baies.
3. Rome avait été prise par les Gaulois. Sans Scipion, elle eût été prise par Hannibal.
4. On pense à l'exemple des Cincinnatus, qui, après sa dictature, revint sagement prendre sa charrue.
5. Les marbres d'Afrique étaient considérés comme les plus beaux.
6. Île de la mer Égée où l'on trouvait une pierre très estimée pour la construction.

son corps exténué et recouvert de sueur ; si l'eau ne coule pas à volonté de robinets d'argent. Et encore, je ne parle là que des tuyaux qu'on emploie chez les plébéiens : que dire de ceux des affranchis[1] ? Que de statues ! Que de colonnes qui ne soutiennent rien mais qui sont posées là comme ornement et simplement parce que c'est cher ! Que de cascades qui se déversent à grand fracas ! On en arrivera à ne plus accepter de fouler qu'un sol fait de pierres précieuses.

Le bain de Scipion n'a comme ouvertures que de minuscules fentes, qu'on ne pourrait appeler fenêtres ; elles sont creusées dans le mur de pierre, pour permettre à la lumière de passer sans nuire pour autant à la sécurité. Aujourd'hui on appelle bains de taupes ceux qui ne sont pas conçus pour recevoir toute la journée le soleil grâce à d'immenses baies vitrées : on veut à la fois se baigner et bronzer, et aussi voir de sa baignoire la campagne et la mer. Aussi les nouveautés qui avaient provoqué l'admiration de la foule quand elles furent inaugurées sont-elles rejetées au rang des antiquités, maintenant que sont apparus d'autres raffinements, produits d'un luxe destiné à crouler sous le poids de ses propres inventions. Autrefois, les bains étaient rares et dépourvus d'ornements : pourquoi aurait-on décoré un lieu où l'on entrait moyennant quatre deniers, par besoin et non pour le plaisir ? L'eau ne coulait pas à flots et on ne la renouvelait pas sans cesse comme si elle provenait d'une source d'eau chaude ; on ne croyait pas nécessaire d'avoir une eau limpide pour y déposer sa saleté ! Mais, dieux bons, quelle joie d'entrer dans ces bains obscurs dont les murs étaient revêtus d'un vulgaire stuc, quand on savait que Caton, Fabius Maximus ou l'un des Scipion, en tant qu'édiles, avaient veillé à la bonne température de l'eau en y trempant la main, pour le confort des

---

1. Sous l'empire, les affranchis acquièrent de plus en plus d'importance. Tacite, qui leur voue une haine farouche, montre l'influence néfaste qu'ils ont pu avoir sur Claude et Néron. Favoris et ministres des empereurs, ils accumulaient d'immenses richesses, de manière plus ou moins avouable.

baigneurs [1] ! En effet, les hommes les plus importants, dans le cadre de leur charge d'édile, entraient dans ces lieux fréquentés par le peuple, exigeaient la propreté et une température bénéfique et saine, contrairement à celle qu'on a récemment découverte et qui ressemble à la chaleur que dégage un incendie : ne plonge-t-on pas dans cette eau les esclaves convaincus d'un crime ? Pour moi, il n'existe plus aucune différence entre un bain brûlant et un bain chaud.

De quelle grossièreté n'accuse-t-on pas Scipion, parce qu'il ne fit pas entrer le jour dans son étuve à travers de larges verrières, parce qu'il ne se faisait pas cuire au grand soleil mais attendait, pour cela, de se trouver dans son bain chaud. Le malheureux ! Il ne savait pas vivre ! L'eau de son bain n'était pas filtrée, mais souvent trouble ; quand il pleuvait assez fort, elle était même boueuse. Oui, et peu lui importait de se laver dans ces conditions, car il venait dans sa salle de bains pour se débarrasser de sa sueur, et non d'huiles parfumées. Que va-t-on dire de lui, à ton avis ? « Je n'envie pas Scipion : il vécut dans un véritable exil, puisqu'il prenait son bain dans de telles conditions ! » Bien plus : sais-tu qu'il n'en prenait même pas un chaque jour ? Autrefois, comme on peut le voir chez les historiens, on se lavait chaque jour les bras et les jambes, que le travail avait salis ; mais on ne prenait de bain qu'une fois par semaine. On va alors me dire : « Ils étaient donc bien sales ! Quelle odeur ils devaient dégager ! » Celle de la guerre, du labeur, de l'homme ! Depuis qu'on a inventé les bains raffinés, les hommes sont moins propres. Quand il veut décrire un personnage de mauvaise réputation et trop connu pour son goût des voluptés, que dit Horace ?

« Il suce des pastilles pour se parfumer l'haleine ! »

Imagine Rufillus aujourd'hui : il sentirait le bouc, ni plus ni moins, et prendrait la place de ce Gorgonius

---

1. Caton d'Utique, Fabius Cunctator, qui combattit Hannibal. L'édile veillait à la propreté de la ville et des endroits publics. Il était chargé de la police municipale, entre autres tâches.

qu'Horace lui oppose. C'est trop peu de s'inonder de parfums, si on n'en remet pas deux ou trois fois par jour, pour ne pas le laisser s'évaporer. Et ne voit-on pas les mêmes élégants se glorifier de cette odeur, comme si c'était la leur !

[...]

# IV. LA PHILOSOPHIE

# LETTRE I

## L'EMPLOI DU TEMPS

Oui, mon cher Lucilius, revendique la propriété de ta personne ; recueille et mets en sécurité le temps qui jusqu'à présent t'était soustrait, volé, ou que tu laissais échapper. Crois-moi, les choses se passent bien comme je te le dis : certains moments nous sont arrachés, d'autres escamotés, d'autres encore coulent entre nos doigts. Pourtant, la perte la plus scandaleuse est celle que nous subissons du fait de notre négligence. Si tu fais bien attention, tu verras que nous passons la plus grande partie de notre vie à mal faire, une bonne partie à ne rien faire, et toute notre vie à faire autre chose que ce qu'il faut. Cite-moi un homme qui sache donner au temps son prix, reconnaître la valeur d'une journée, comprendre qu'il meurt chaque jour. Nous nous trompons lorsque nous pensons voir la mort devant nous : elle est déjà en grande partie derrière nous. Tout ce qui appartient au passé est du domaine de la mort. Agis donc, mon cher Lucilius, comme tu le dis dans ta lettre : sois propriétaire de toutes tes heures. Tu seras moins esclave du lendemain, si tu te rends maître du présent. Tandis qu'on la remet à plus tard, la vie s'écoule. Rien, Lucilius, ne nous appartient ; seul le temps est à nous. Là est le seul bien, fugitif et soumis au hasard, que la nature nous ait donné : n'importe qui peut nous en dépouiller pourtant.

Vois comme les hommes sont sots : ils acceptent

qu'on leur compte comme de grands services les faveurs les plus minces, les plus misérables et qui n'ont rien d'irremplaçable ; mais aucun ne s'estime redevable de quoi que ce soit si on lui donne du temps, alors que c'est le seul bienfait qu'on ne puisse rendre, même avec de la reconnaissance.

Tu me demanderas peut-être ce que je fais, moi qui te donne ces conseils. Je te répondrai franchement : en homme qui aime le luxe mais qui fait attention, je tiens mes comptes. Je ne puis assurer que je ne perds rien, mais je peux dire ce que je perds, comment et pourquoi. Je peux rendre compte de ma pauvreté. Mais comme la plupart de ceux qui se retrouvent dans le besoin sans en être responsables : tout le monde les excuse, mais personne ne leur vient en aide. Comment conclure ? A mes yeux, l'homme qui se satisfait du peu qu'il lui reste n'est pas pauvre ; mais quant à toi, je préfère que tu conserves ce que tu possèdes : tu commenceras à t'en servir en temps utile. Rappelle-toi ce dicton de nos ancêtres : « Il est bien tard pour faire des économies quand on atteint le fond du tonneau : il n'y reste pas grand-chose, et c'est le moins bon. » Adieu[1].

---

1. On rapprochera cette lettre d'une réflexion de Montaigne : « Personne ne distribue son argent à autrui, chacun y distribue son temps et sa vie ; il n'est rien de quoi nous soyons si prodigues que de ces choses-là, desquelles seules l'avarice nous serait utile et louable » (III, 10).

# LETTRE LIII

## LA PLUPART DES HOMMES IGNORENT LEURS VICES LA PHILOSOPHIE LES LEUR RÉVÈLE ET LES GUÉRIT

Que ne me fera-t-on faire, puisqu'on m'a fait monter sur un bateau ? J'ai embarqué sur une mer calme. Le ciel était certes lourd de nuages gris, généralement signes de pluie ou de vent, mais je pensais que malgré ce temps incertain et menaçant il était possible de franchir la faible distance qui sépare Naples, la ville qui t'est chère[1], de Pouzzoles[2]. Aussi, pour arriver plus vite, ai-je pris le large en direction de Nesida[3], dans l'intention d'éviter toutes les sinuosités du rivage. J'étais déjà arrivé à un point où je n'avais pas plus intérêt à avancer qu'à revenir en arrière, lorsque le calme qui m'avait séduit commença à se gâter ; ce n'était pas encore la tempête, mais déjà la mer s'agitait et les lames devenaient plus courtes. Je demandai alors au pilote de me déposer sur un point quelconque de la côte. Il me répondit que les rochers empêchaient d'aborder, et que dans la tempête il ne craignait rien tant que la terre. J'étais trop mal en point pour avoir l'idée du danger ; un mal de mer lancinant me tourmentait, mais je ne vomissais pas : la bile remontait sans que je puisse m'en débarrasser. J'insistai donc auprès du pilote et l'obligeai à regagner bon gré mal gré le rivage. Lorsque nous en

1. Lucilius y est peut-être né ou y a habité, à moins qu'il ne l'ait célébrée dans ses vers.
2. Ville de Campanie, près de Naples.
3. Petite île près de la Campanie, entre Pausilippe et Pouzzoles.

fûmes tout près, je n'attendis pas, comme le recommande Virgile, que « la proue soit tournée vers le
large », ou « qu'on jette l'ancre du haut de la proue[1] » :
me rappelant ma technique de vieil adepte des bains
froids, je me jette à l'eau vêtu d'une gausape[2], comme il
convient à un amateur d'eau froide. Que n'ai-je pas
souffert en rampant à travers les rochers, en cherchant
mon chemin ou en m'en faisant un ! Je compris que les
marins avaient raison de redouter la terre. J'ai dû
soutenir des fatigues incroyables, alors que je ne pouvais me soutenir moi-même. Sache-le bien : si Ulysse fit
sans cesse naufrage, ce ne fut pas à cause d'un destin
cruel qui lui opposait une mer déchaînée : non, c'est le
mal de mer qui le contraignait à débarquer ! Moi aussi,
pour chacun de mes voyages en mer, j'aurai besoin de
vingt ans pour arriver à destination !

Lorsque mon estomac eut cessé de me tourmenter (tu
sais que les nausées ne disparaissent pas dès qu'on a
quitté la mer) et que des frictions eurent revigoré mon
corps, je commençai à méditer sur le profond oubli où
nous sommes de nos défauts — ceux du corps, qui
pourtant se manifestent de temps en temps et, à plus
forte raison, ceux de l'âme, qui se cachent d'autant plus
qu'ils sont plus graves. Un léger accès de fièvre passe
inaperçu ; mais quand il se transforme en une véritable
fièvre qui embrase le corps tout entier, l'homme le plus
résistant, le plus endurci contre la douleur, est contraint
de crier sa souffrance. On a mal aux pieds, on se sent
des fourmis dans les articulations : on peut encore
dissimuler, en disant qu'on s'est tordu la cheville ou
qu'on a eu un accident en faisant de l'exercice. La
maladie en est encore à ses débuts ; on tâtonne, on lui
cherche un nom : mais lorsque les chevilles se mettent à
enfler et qu'on a l'impression d'avoir deux pieds droits,
force est de reconnaître qu'il s'agit de la goutte.

---

1. *Énéide*, VI, 3 et II, 277 : les navires accostent en jetant l'ancre
mais en virant pour être prêts à repartir.
2. Étoffe de laine.

C'est le contraire pour les maladies de l'âme : plus on est atteint, moins on le sent. Ne t'étonne pas, mon cher Lucilius : quand on vient de s'endormir et que dans ce sommeil léger on perçoit encore des formes, on a parfois tout en dormant conscience de dormir. Le sommeil profond, lui, éteint jusqu'aux rêves et plonge l'esprit dans un océan profond qui ne laisse pas de place au rationnel. Pourquoi ne confesse-t-on jamais ses vices ? C'est qu'on est encore sous leur empire. Eh bien, raconter ses rêves, c'est être éveillé, et reconnaître ses vices, c'est en être guéri.

Réveillons-nous donc pour être en mesure de condamner nos erreurs. Mais seule la philosophie nous ranimera ; seule elle pourra secouer notre lourd sommeil. Consacre-toi entièrement à elle : tu es digne d'elle et elle est digne de toi. Marchez main dans la main. Refuse-toi à tout le reste, avec courage et sans détours. Il ne faut pas faire de la philosophie à la dérobée : si tu étais malade, tu abandonnerais pour un temps la gestion de ton patrimoine ; tu ne t'occuperais plus de procès ; personne ne compterait assez à tes yeux pour que tu ailles l'assister en justice [1] au moment où tu irais mieux : non, de toute ton âme tu t'emploierais d'abord à guérir. Pourquoi ne ferais-tu pas la même chose à présent ? Disperse tous les obstacles et ne t'adonne plus qu'à la sagesse : on n'y parvient pas si l'on a l'esprit occupé ailleurs.

La philosophie est reine ; elle décide de ton temps : ce n'est pas toi qui lui en fais l'aumône. Elle n'est pas une occupation secondaire, mais essentielle ; en maîtresse absolue, elle est là et elle donne les ordres. Écoute la réponse d'Alexandre aux représentants d'un pays qui lui offraient une partie de son territoire et la moitié de tous ses biens : « Si je suis venu en Asie, ce n'est pas pour

---

1. Lors d'un procès, on pouvait se faire assister par un citoyen de son choix. On pouvait faire plaider sa cause par un avocat de profession (advocatus) ou des orateurs qu'on appelait « patroni ». Tout citoyen pouvait être « patronus », mais une loi l'obligeait à donner ses services gratuitement.

recevoir ce que vous me donnerez, mais pour que vous gardiez ce que je voudrai bien vous laisser. » De même, la philosophie déclare à tout ce qui n'est pas elle : « Je ne suis pas faite pour accepter le temps qui vous reste ; c'est vous qui accepterez ce que je vous attribuerai. » Tourne-toi donc entièrement vers elle ; cultive-la sans relâche ; creuse un énorme fossé entre les autres hommes et toi. Tu seras très loin devant tous les mortels, et les dieux ne seront pas très loin devant toi. Qu'est-ce donc qui te séparera d'eux ? C'est que leur existence sera plus longue. Mais par Hercule, c'est un beau travail d'inclure l'infiniment grand dans l'infiniment petit. Le sage trouve dans le temps que dure sa vie autant que le dieu dans l'éternité. Il y a d'ailleurs un point sur lequel le sage est supérieur au dieu : si la crainte les épargne tous deux, celui-ci le doit à sa nature, celui-là à son travail. Quelle merveille que d'avoir la faiblesse d'un homme et la tranquillité d'un dieu ! La force incroyable de la philosophie, c'est de repousser tous les assauts de la Fortune. Jamais les traits ne peuvent rester fichés en elle : parée contre les chocs, elle reste inébranlable. Tantôt elle laisse pleuvoir les attaques en s'en moquant et les esquive comme des javelots légers qui effleurent à peine les plis de sa robe ; tantôt elle les disperse et les renvoie à celui qui les avait lancés. Adieu.

# LETTRE LXV

## OPINIONS DE PLATON, D'ARISTOTE ET DES STOÏCIENS SUR LA CAUSE PREMIÈRE

Hier, je n'ai pu bénéficier que de la moitié de la journée : la maladie s'est appropriée la matinée, mais elle m'a laissé l'après-midi. J'ai donc mis mon esprit à l'épreuve en commençant par la lecture ; ensuite, comme il s'était bien acquitté de cette tâche, je me suis risqué à lui commander, ou plutôt à lui permettre davantage. Je me suis mis à écrire, en m'attaquant à un sujet difficile : et j'y ai mis encore plus d'acharnement que d'habitude en pareil cas, lorsque je refuse de m'avouer vaincu. Des amis sont venus m'interrompre : ils m'ont fait violence et m'ont réprimandé comme un malade qui ne sait pas se conduire. Le stylet laissa donc place à la conversation dont je vais te rapporter une partie. Nous eûmes en effet un débat, et c'est toi qui as été désigné comme arbitre : tu auras plus à faire que tu ne penses, car il y a trois thèses en concurrence.

Nos amis stoïciens disent, comme tu le sais, que « dans la nature tous les éléments ont une double origine : la cause et la matière ». La matière gît, inerte, prête à prendre toutes les formes ; mais elle reste stérile si personne ne la met en mouvement. Quant à la cause, c'est-à-dire le principe raisonnable, elle offre une forme à la matière et en use comme bon lui semble : elle donne ainsi naissance aux créations les plus variées. Il est donc nécessaire qu'une chose soit faite à partir d'une autre chose, mais aussi qu'elle soit faite par quelqu'un : il s'agit dans le premier cas de la matière, dans le second de la cause. L'art est toujours imitation de la nature : aussi doit-on appliquer aux productions humaines la théorie que j'ai soutenue à propos de l'univers. Pour faire une statue, il faut à la fois la matière qui est à la disposition de l'artiste, et l'artiste qui donne forme à la matière : dans ce cas la matière est le bronze et la cause est l'artiste. Tous les objets obéissent à la même loi : ils résultent de deux principes, dont l'un est passif et l'autre actif. Les stoïciens affirment qu'il n'y a qu'une cause : le principe actif.

Selon Aristote en revanche, il y en a trois : la première, c'est la matière elle-même, sans laquelle rien ne saurait exister ; la seconde, c'est l'artisan ; la troisième, c'est la forme imposée à chaque œuvre, comme à la statue — et il l'appelle « eïdos ». Il en ajoute une quatrième : le but de l'ouvrage. Qu'entend-il exactement par là ? Le bronze est la cause première de la statue, car jamais elle n'aurait pu être faite, s'il n'y avait eu ce métal dans lequel elle a été coulée et sculptée. La seconde cause, c'est l'artisan : ce bronze n'aurait pu prendre la forme d'une statue si des mains expertes ne l'avaient travaillé. La troisième cause, c'est la forme : cette statue ne pourrait porter le nom de Doryphore ou de Diadumène [1] si on ne lui avait pas donné le visage de l'un de ces hommes. La quatrième cause est le but de l'ouvrage : sans cela, la statue n'aurait pas été créée. Qu'est-ce que le « but » ? Ce qui a motivé l'artiste, ce qu'il a recherché en accomplissant ce travail. Cela peut être l'argent, s'il vend son œuvre, la gloire s'il veut se faire un nom grâce à elle, ou bien encore l'hommage qu'il veut rendre aux dieux, s'il offre son œuvre a un temple. On trouve donc bien ce principe également à la source de sa fabrication. Ne faut-il pas, à ton avis, parmi

---

1. Deux statues de Polyclète, sculpteur grec du Vᵉ siècle. Doryphore représentait un jeune guerrier nu brandissant une flèche ; Diadumène, un jeune athlète dont la tête est ceinte de bandelettes.

les causes d'une création, compter tous les éléments sans lesquels elle n'aurait pas vu le jour ?

Platon en ajoute une cinquième, qu'il nomme lui-même « idée » ; c'est le modèle que regarde l'artiste pour réaliser son projet. Peu importe que cet objet se trouve à l'extérieur de lui-même ou dans son imagination. Ces modèles universels appartiennent au principe divin qui par la pensée embrasse toutes les créatures de quelque nature qu'elles soient, et qui est rempli des images définies par Platon comme immortelles, immuables et inaltérables. Ainsi les hommes meurent mais l'humanité elle-même, le « moule » de l'homme, perdure et ne ressent aucune souffrance, tandis que l'homme peine et meurt. « Il y a donc cinq causes, dit Platon : la substance, l'artisan, la forme, le modèle, le but ; enfin, la dernière résulte des précédentes. » Pour une statue — puisque nous avons commencé avec cet exemple — la substance, c'est le bronze ; l'artisan c'est le sculpteur ; la forme, c'est la figure qui est donnée à la statue ; le modèle, c'est ce que reproduit le sculpteur ; le but, c'est ce qui a motivé cette création ; le résultat de tout cela, c'est la statue elle-même. « Toutes ces causes, dit encore Platon, se retrouvent dans l'univers : l'artisan, c'est le principe divin ; la substance, c'est la matière ; la forme, c'est l'état et l'ordre du monde que nous voyons ; le modèle, c'est ce qui a inspiré le divin pour donner à son œuvre cette grandeur et cette suprême beauté ; le but, c'est ce qu'il a visé en créant cette œuvre. » Tu me demandes quel est ce but ? La bonté. Pourquoi la divinité a-t-elle créé le monde ? dit Platon ; parce qu'elle est bonne. Or un être bon ne peut rien faire que de bon : c'est pourquoi il a fait le monde le meilleur possible. »

Prononce ta sentence, ô juge, et déclare laquelle de ces opinions te semble la plus conforme, non pas à la vérité, mais à la vraisemblance (cette question en effet nous dépasse autant que la vérité elle-même). Cette foule de causes posée par Aristote et Platon comprend soit trop soit trop peu d'éléments. S'ils appellent cause tout ce dont l'absence rend impossible la création d'un objet, c'est trop peu. Il faut, parmi les causes, inclure le temps : rien ne peut se faire sans lui ; et aussi l'espace : s'il n'y a pas de lieu, il n'y aura pas de réalisation ; enfin le mouvement, sans lequel rien ne naît ni ne meurt : sans mouvement, il n'y a ni objet d'art ni changement d'état. Mais en fait, c'est la cause première et universelle que nous cherchons : elle doit être simple car la matière aussi est simple. Nous cherchons la cause, c'est-à-dire l'intelligence créatrice. Vous n'offrez pas, philosophes, dans votre énumération, de causes multiples et distinctes ; toutes dépendent d'une seule : celle qui est à l'origine de la création. On dit que la forme est une cause ? Mais elle est donnée à l'œuvre par l'artiste : c'est une partie de la cause, et non une cause. Le modèle n'est pas non plus une cause, mais un instrument nécessaire de la cause, comme sont nécessaires à l'artiste son ciseau et sa lime, sans lesquels l'œuvre d'art ne pourrait voir le jour, mais qui ne sont pas pour autant des parties ni des causes de cette œuvre. Le projet de l'artiste, ajoute-t-on, le but qu'il se fixe en commençant son travail, fait aussi partie des causes. À supposer que ce soit là une cause, elle ne serait que secondaire et non efficiente. Il y en a encore mille autres ! Mais ce que nous recherchons, c'est la cause la plus générale. Quant à nos philosophes, ils n'ont pas fait preuve de leur finesse habituelle en prétendant que l'univers entier et l'œuvre achevée figuraient parmi les causes : il y a une grande différence entre l'œuvre et sa cause !

Prononce donc ta sentence, ou bien (ce qui est plus facile dans les procès de ce genre) déclare que tu n'as pas assez d'informations et renvoie l'affaire. « Quel plaisir trouves-tu, vas-tu me demander, dans ces discussions qui ne peuvent ni t'arracher à tes passions ni te délivrer des désirs qui te dévorent ? » Pour moi, je me consacre en premier lieu à ce qui peut apaiser mon âme : c'est d'abord moi que j'examine, et ensuite l'univers. Et contrairement à ce que tu crois, je ne perds pas mon temps ! Toutes ces analyses, en effet, à condition de ne pas couper les cheveux en quatre et de ne pas se perdre dans de vaines subtilités, élèvent et soulagent l'âme, qui, accablée d'un lourd fardeau, désire s'en libérer et retourner à ses origines. Notre corps est pour l'âme un poids qui lui est imposé : il l'écrase, la tient dans ses chaînes, si la philosophie ne vient pas à son secours pour la faire respirer au spectacle de la nature et la conduire de la terre au ciel. Voilà pour elle le moyen de se libérer, le moyen de s'échapper : elle s'évade parfois de la prison où elle est enfermée et retrouve la santé au ciel. Quand un artisan s'est fatigué les yeux à examiner un objet particulièrement fin, sous un éclairage faible et incertain, il sort dans la rue pour trouver un endroit où les gens se distraient et jouissent d'une franche lumière ; il en est de même pour l'âme enfermée dans cette demeure triste et obscure : chaque fois qu'elle le peut, elle cherche l'air libre et se repose dans la contemplation de la nature.

Le sage, comme celui qui est sur le chemin de la sagesse, est certes en liaison étroite avec son corps ; mais il en est séparé par ce qu'il a de meilleur en lui, et ses pensées, il les dirige vers les cimes. Tel le soldat qui a prêté serment, il regarde la durée de sa vie comme un temps de service. Sa formation lui permet de n'avoir pour la vie ni amour ni haine, et il supporte son existence de mortel, tout en sachant que des jours plus beaux l'attendent. Tu veux m'interdire de contempler la nature et me priver du tout pour me réduire à une partie ? Je ne pourrais rechercher le commencement de l'univers ? Qui a créé la nature ? Qui a distingué tous les éléments jusqu'alors confondus dans une masse unique et noyés dans une matière inerte ? Qui est l'architecte du monde ? De quelle manière une telle immensité a-t-elle trouvé une loi et un ordre ? Qui a rassemblé ce qui était épars, ordonné ce qui était confus, attribué une figure à ce qui n'avait aucune forme ? D'où vient une lumière si vive ? Est-ce le feu ou une substance plus brillante encore ? Je ne pourrais donc pas me poser ces questions ? Je devrais ignorer l'origine de mon existence ?

Dois-je ne voir ce monde qu'une fois ou renaître à plusieurs reprises ? Où irai-je ensuite ? Quelle demeure attend mon âme, lorsqu'elle sera délivrée des lois de la servitude humaine ? Tu me défends le séjour céleste, ce qui revient à me faire vivre tête baissée ? Je suis trop grand et mon destin est trop grand, pour que je reste esclave de mon corps, qui n'est rien d'autre qu'une entrave à ma liberté. C'est lui que j'oppose à la Fortune pour qu'elle s'y arrête. C'est par lui que je me protège contre toute blessure. Tout ce qui en moi peut subir les affronts, c'est lui. Dans cette demeure exposée à tous les outrages, mon âme vit libre. Jamais cette vile chair ne me forcera à avoir peur, ni à faire preuve d'une hypocrisie indigne d'un homme de bien ; jamais je ne mentirai pour complaire à ce misérable corps. Quand je le jugerai bon, je me séparerai de lui ; mais d'ores et déjà, tandis que nous sommes liés l'un à l'autre, nous ne sommes pas associés à parts égales : mon âme prend tout le pouvoir. Le mépris de son propre corps, c'est la liberté assurée.

Mais je reviens à mon propos : cette liberté passe pour beaucoup par l'examen dont nous parlions tout à l'heure. Il est certain que l'univers résulte de la matière et du divin ; c'est le principe divin qui règle, dirige et soumet à sa loi les éléments répandus tout autour de lui. Ses œuvres sont plus puissantes et plus importantes parce qu'il est divin, que celle de la matière, qui lui est soumise. La place qu'il occupe dans le monde est celle de l'âme chez l'homme : la matière correspond à ce qu'est le corps pour nous. Il faut donc que l'inférieur obéisse au supérieur. Soyons courageux face aux accidents : ne tremblons pas devant les injustices, les blessures, les chaînes, la pauvreté. La mort est soit un terme soit un passage. Je ne crains ni l'un ni l'autre : finir ou ne pas avoir commencé, c'est la même chose ; passer ailleurs, quelle importance, puisque nulle part je ne serai autant à l'étroit ! Adieu.

# LETTRE LXVI

## TOUS LES BIENS SONT ÉGAUX ET TOUTES LES VERTUS SONT ÉGALES

J'ai revu Claranus [1], mon condisciple, après bien des années. Je n'ai pas besoin, je pense, d'ajouter que c'est un vieillard ; mais quel esprit vert et vigoureux, en lutte contre son corps chétif ! La nature s'est montrée injuste en attribuant une si misérable place à une si grande intelligence. Mais peut-être a-t-elle voulu nous montrer que l'intelligence la plus vive et la plus riche peut se cacher sous n'importe quelle enveloppe. Pourtant, il a vaincu tous les obstacles, et du mépris de son corps il en est arrivé au mépris de tout le reste. Il s'est à mon avis trompé, celui qui a dit que « la vertu est plus séduisante quand elle habite un beau corps [2] ». Elle n'a pas besoin d'ornement : elle est à elle-même une magnifique parure qui divinise le corps qu'elle revêt. De fait, j'ai bien observé notre ami Claranus : à mes yeux, il est beau, et aussi droit de corps que d'esprit. Un grand homme peut sortir d'une cabane ; un grand et bel esprit peut aussi bien venir d'un pauvre corps bancal et maigrelet. Aussi, selon moi, la nature a-t-elle produit de tels hommes pour prouver que la vertu peut naître partout. Si elle pouvait engendrer des esprits dépouillés du corps, elle l'aurait fait, mais à vrai dire, elle fait mieux : elle crée des êtres embarrassés par leur corps et

1. Inconnu par ailleurs.
2. *Énéide* V, 344.

qui néanmoins renversent cet obstacle. Claranus me semble né pour montrer que la disgrâce physique n'enlaidit pas l'esprit, mais que la beauté spirituelle illumine le corps.

Bien que nous n'ayons passé que très peu de jours ensemble, nous avons eu de nombreuses conversations, que je vais retranscrire pour te les envoyer. Le premier jour, nous avons recherché comment les biens peuvent être égaux et s'il y en a de trois sortes. Certains, selon les stoïciens, ont le premier rang : ainsi la joie, la paix, le salut de la patrie. D'autres le second : ils se présentent dans des circonstances malheureuses — ainsi l'endurance au milieu des supplices et le calme dans une maladie grave. Les uns, nous les souhaitons de toute façon, les autres en cas de nécessité seulement. Il y a encore un troisième rang : une démarche modeste, une physionomie d'homme posé et honnête, une attitude digne d'un sage. Comment ces biens peuvent-ils se valoir entre eux, dans la mesure où nous souhaitons les uns et redoutons les autres ?

Si nous voulons bien les distinguer, il faut revenir au premier pour l'examiner. C'est une âme qui contemple la vérité et qui sait ce qu'il faut éviter ou rechercher. Elle fixe le prix des choses non d'après l'opinion mais d'après la nature ; elle se mêle à l'univers entier et s'attache à observer tout ce qui s'y passe, attentive à ses pensées et à ses actes. Elle est aussi grande que forte, résiste autant aux attaques qu'aux caresses, ne se soumet ni à la bonne ni à la mauvaise fortune, mais reste au-dessus du malheur comme du bonheur, décente dans sa beauté suprême, saine et sobre dans sa force, inébranlable et intrépide. La violence ne peut la briser, les caprices du sort ne peuvent ni l'exalter ni l'abattre : une telle âme, c'est la vertu même. C'est ainsi qu'on la verrait si on pouvait l'embrasser tout entière d'un seul regard. Mais ses aspects sont multiples et se dévoilent au gré des circonstances et des actes, sans qu'elle-même diminue ou s'accroisse. Le souverain bien ne peut décroître ni la vertu aller à reculons ; mais elle change

seulement de forme, selon qu'elle doit les accomplir.
Tout ce qu'elle touche elle le façonne et le colore à son
image : actions, amitiés, parfois même une maison
entière où elle est entrée pour mettre de l'ordre : tout
par elle devient beau ; tout ce dont elle s'occupe, elle le
rend aimable, remarquable, admirable. Aussi sa force et
sa grandeur ne peuvent-elles atteindre un niveau supérieur : ce qui est parfait ne saurait être amélioré. On ne
trouve rien de plus droit que la droiture même, ni de
plus vrai que la vérité, ou de plus sage que la sagesse !
Toute vertu a une limite, qui lui donne sa mesure
précise. La constance ne peut progresser, pas plus que la
confiance, la vérité ou la bonne foi. Que peut-on ajouter
à la perfection ? Rien ! Ce n'est pas la perfection si on
peut lui ajouter quelque chose. Il en est de même pour
la vertu : ce qu'on pourrait lui ajouter, c'est ce qui lui
aurait manqué. L'honnêteté non plus ne peut supporter
d'amélioration (c'est elle, d'ailleurs, que j'avais en vue
tout au long de mon exposé). Mentionnerai-je aussi la
décence, la justice, la légalité ? N'ont-elles pas, à ton
avis, la même forme, qui les enferme dans des limites
bien déterminées ? La croissance est le signe de l'imper-
fection. Tous les biens sont soumis aux mêmes lois :
l'intérêt public et l'intérêt privé sont liés, aussi indissolu-
blement, ma foi, que les biens louables et les biens
désirables. Ainsi les vertus sont-elles égales entre elles,
comme les actes qu'elles inspirent et les hommes
qu'elles animent.

Dans les plantes et les animaux, les vertus, vouées à la
disparition, sont fragiles, périssables, incertaines : elles
surgissent puis s'affaissent et ne sont donc pas estimées
au même prix. Pour les vertus humaines en revanche, il
y a une règle unique, la droite raison étant une et
simple. Rien n'est plus divin que le divin, plus céleste
que le céleste. Les choses mortelles diminuent, tombent, se détériorent ; elles croissent, naissent, s'ampli-
fient. C'est pourquoi dans leur destinée si incertaine,
elles sont inégales : la nature des choses divines, elle, est
une. La raison n'est pas autre chose qu'une parcelle de

l'esprit divin plongée dans le corps humain. Si la raison est divine, il n'y a pas de bien sans elle, et tout bien est divin. Or, il n'y a pas de distinction entre les choses divines : il n'y en a donc pas entre les biens. La joie et l'endurance courageuse des supplices sont donc à mettre sur le même plan : dans les deux cas on trouve la même grandeur d'âme, calme et détendue dans l'un, combative et énergique dans l'autre. Quoi ? Tu ne crois pas qu'il y ait le même courage chez celui qui assiège vaillamment des remparts ennemis et chez celui qui soutient le siège avec une admirable résistance ? Scipion fut grand[1] lorsqu'il tint enfermés les Numantins dans leur ville, et força leurs mains invincibles à se retourner contre eux-mêmes pour se donner la mort. Mais l'âme de ces assiégés est grande aussi, car ils savent que l'on n'est pas enfermé lorsque le chemin de la mort est ouvert, et expirent en embrassant la liberté. De même, toutes les autres vertus sont égales entre elles — la tranquillité, la simplicité, la libéralité, la constance, l'égalité d'âme, la patience : elles se fondent toutes sur une seule vertu, qui donne à l'âme droiture et fermeté [...].

Je sais ce qu'ici on pourrait me répondre : « Tu essaies de nous persuader qu'éprouver de la joie, être fixé au chevalet et lasser son propre bourreau à force de résistance, c'est la même chose. » Je pourrais répliquer ceci : Épicure aussi affirme que le sage, brûlé dans le taureau de Phalaris[2], s'écriera : « Cela m'est doux, je ne sens même rien ! » Qu'y a-t-il donc d'étonnant à ce que je proclame égaux le bonheur d'un homme couché à table et d'un autre qui reste vaillamment debout dans la torture, puisque, chose plus incroyable encore, le bourreau, pour Épicure, peut être doux ? Je réponds qu'il y a une très grande différence entre joie et douleur. Si on me donnait le choix, je rechercherais l'une et éviterais

---

1. Scipion Émilien, qui prit Carthage en 144 et rasa Numance en 133.
2. Phalaris, tyran d'Agrigente au VIᵉ siècle av. J.-C., faisait brûler vivants des hommes dans un taureau d'airain.

l'autre : la première est conforme à la nature ; la seconde y est contraire. Tant qu'on les juge sur ce critère, un fossé les sépare ; mais quand on les regarde à la lumière de la vertu, elles sont égales, que le chemin pris soit celui du plaisir ou celui de la tristesse. Les tourments, la souffrance, toutes les peines n'ont plus aucune importance : la vertu les fait disparaître. Comme une petite lumière s'éclipse dans la clarté du soleil, de même les douleurs, les peines, les injustices, s'effacent devant la grandeur de la vertu qui les réduit à néant. Partout où elle brille, elle éteint les lueurs qu'on voit quand elle n'est pas là, et les peines n'ont pas plus d'importance, lorsqu'elles s'abattent sur la vertu, qu'une averse tombant sur la mer.

Pour t'en convaincre, regarde l'homme de bien : il court sans délai vers tout ce qui est beau. Le bourreau peut bien être là avec ses tortures, avec sa torche ; lui, il résistera ! Il ne considérera pas ce qu'il doit endurer, mais ce qu'il doit faire, et se fiera à une belle action comme à un homme de bien, jugeant qu'il peut en tirer profit, sécurité et bonheur. Une belle action pénible et difficile tient à ses yeux la même place qu'un homme de bien qui serait pauvre, exilé ou malade. Mets donc d'un côté un homme de bien très fortuné et de l'autre un pauvre qui ne possède aucun bien matériel mais qui détient en lui-même toutes les richesses : tous deux sont de valeur égale, même si le sort les a traités différemment. On doit, comme je l'ai dit, juger selon les mêmes critères les choses et les hommes : la vertu est aussi louable dans un corps libre et en bonne santé que dans un corps enchaîné et souffrant.

Par conséquent, si par chance ton corps est intact, tu n'auras pas plus d'estime pour ta propre vertu que s'il a subi une mutilation. Autrement, cela reviendrait à évaluer le maître d'après la tenue des esclaves. Tout ce que le hasard tient sous sa tutelle est esclave : l'argent, le corps, les honneurs, autant de biens misérables, éphémères, périssables et qu'on ne possède jamais de manière certaine. Inversement, les œuvres de la vertu sont libres et inattaquables ; si la Fortune les traite avec plus de bienveillance, elles n'en sont pas plus désirables ; elles ne le sont pas moins si elles sont touchées par l'injustice du sort.

Le désir qu'on a des choses ressemble à l'amitié qu'on a pour des hommes. A l'égard d'un homme de bien, tu n'aurais pas, je pense, plus d'attachement s'il était riche que s'il était pauvre ; tu ne l'aimerais pas mieux robuste et musclé que frêle et maladif. Ne recherche donc pas plus la joie et la paix que la peine et la difficulté. Et si aujourd'hui, de deux hommes aussi vertueux l'un que l'autre, tu préférais celui qui est élégant et parfumé à celui qui est couvert de poussière et de saleté, tu en arriverais à mieux aimer l'homme qui a encore tous ses membres et n'a jamais été blessé, que l'infirme ou le borgne ; peu à peu, à force de faire le dégoûté, tu finirais par préférer, de deux hommes également justes et sages, celui qui a des cheveux abondants et bouclés à celui qui n'en a plus.

Quand la vertu est égale chez chacun des deux, toutes les autres inégalités disparaissent ; le reste en effet ne fait pas partie de la vertu : ce n'est que de l'accessoire. Quel père serait assez injuste pour donner plus d'affection à son fils bien portant qu'à celui qui est malade, pour préférer le grand et bien bâti au petit maigrichon ? Les bêtes ne font pas de différence entre leurs petits ; elles s'étendent pour les allaiter tous également. Les oiseaux ne font pas non plus de distinction quand ils donnent la becquée. Regarde Ulysse : il est aussi pressé de rejoindre les rochers de sa chère Ithaque qu'Agamemnon les nobles murailles de Mycènes : on n'aime pas sa patrie parce qu'elle est grande, mais parce qu'on y est né. « Où veux-tu en venir ? » À te montrer ceci : la vertu voit du même œil chacune de ses œuvres, comme la mère ses petits ; elle a pour toutes une tendresse égale, et même plus marquée pour celles qui s'accompagnent de souffrances : aussi bien l'affection des parents est-elle plus vive pour ceux de leurs enfants qu'un handicap rend dignes de pitié. La vertu, quand elle voit une de ses œuvres touchée par le malheur, ne l'aime pas davantage, mais, comme une bonne mère, lui donne plus de caresses et de chaleur. Pourquoi n'y a-t-il pas de bien supérieur à un autre ? Parce qu'il n'y a rien de mieux construit que la construction parfaite, rien de plus uni que l'unité parfaite. On ne saurait dire qu'une chose est plus égale qu'une autre à une troisième : donc rien n'est plus vertueux que la vertu.

Si toutes les vertus sont par nature égales, les trois sortes de bien sont aussi à mettre au même niveau. Eh oui ! Il faut mettre au même niveau la modération dans la joie et la modération dans la douleur. La joie ne l'emporte pas sur la fermeté qui, sous la torture, étouffe les gémissements. On désire l'une, on admire l'autre : toutes deux n'en sont pas moins égales, car toutes les peines qui accompagnent la seconde disparaissent derrière un bien infiniment supérieur. Prétendre qu'elles ne sont pas égales entre elles, c'est refuser de voir la vertu elle-même et ne s'attacher qu'aux apparences. Les vrais biens ont le même poids, le même volume ; les faux sont des enveloppes vides : ils ont belle apparence quand on les regarde, mais quand on les pèse, quelle déception !

Oui, mon cher Lucilius, tout ce qui se fait sous l'égide de la vraie Raison est solide et éternel ; notre âme alors s'affermit et se porte à des hauteurs où elle restera toujours. Ce que la foule appelle des biens gonfle le cœur d'une joie illusoire. Au contraire, ce qu'on regarde comme un malheur remplit l'âme d'effroi en la jetant dans un trouble comparable à celui des animaux devant l'apparence du danger. Dans les deux cas, l'âme se dilate ou se contracte sans motif : ni la joie ni la crainte ne sont de mise. La Raison seule est immuable et constante dans son jugement, car elle n'est pas l'esclave, mais la maîtresse des sens. La Raison est égale à la Raison, le Bien au Bien. Par conséquent, la vertu est égale à la vertu, puisqu'elle n'est rien d'autre que la droite Raison. Toutes les vertus sont des manifestations de la Raison : en ceci, elles sont droites, et si elles sont droites, elles sont égales entre elles. Sur la Raison se calquent les actions engendrées par elle, qui sont donc aussi égales entre elles (identiques à la Raison, elles le sont aussi entre elles). J'affirme que les actions sont égales entre elles dans la mesure où elles sont droites et vertueuses : au demeurant, elles pourront présenter des différences importantes, dues à leur objet plus ou moins vaste, plus ou moins éclatant, réservé à un nombre d'hommes plus ou moins élevé. Elles seront toutes égales en ce qu'elles ont de meilleur, puisqu'elles sont vertueuses. De même, les gens de bien sont égaux entre eux en tant que gens de bien ; mais ils sont différents par l'âge, par la conformation physique, par la condition sociale ; l'un a du crédit, du pouvoir, de la notoriété dans sa ville et au-delà ; l'autre est resté obscur et pratiquement inconnu. C'est leur vertu qui les met à égalité.

Sur la question du bien et du mal, les sens ne peuvent être juges car ils ne savent distinguer ce qui est utile de ce qui ne l'est pas. Ils ne peuvent porter un jugement que sur un objet saisissable dans l'instant ; impossible pour eux de prévoir l'avenir ni de se souvenir du passé. La notion de continuité leur est étrangère. C'est pourtant selon ces principes que les événements s'enchaînent et s'ordonnent, et que se tisse le fil d'une vie qui doit suivre le droit chemin. La Raison est donc l'arbitre du bien et du mal. Elle n'accorde aucune valeur à ce qui nous est étranger et se trouve hors de nous, et ce qui n'est ni bien ni mal, elle le met au rang des accessoires sans importance. Pour elle, le bien est tout entier dans notre âme. D'ailleurs, elle met au premier rang certains biens, qu'elle s'attache à obtenir, comme la victoire, des enfants bien élevés, le salut de la patrie. D'autres occupent le second rang : ils ne se manifestent que dans l'adversité ; ainsi le courage face à une maladie grave ou à l'exil. D'autres encore se trouvent à mi-chemin, n'étant ni en accord ni en contradiction avec la nature : ainsi le fait de marcher sans se faire remarquer ou de s'asseoir convenablement. En effet, il n'est pas plus

conforme à la nature de rester assis ou debout ou de
marcher. Les deux autres catégories de biens sont
opposées ; la première est en accord avec la nature : il
s'agit de la joie que donne l'affection de ses enfants ou le
salut de sa patrie. La seconde est en contradiction avec
la nature : il s'agit de braver sans mot dire les tortures
ou d'endurer la soif quand la fièvre nous brûle la
poitrine. « Comment ! Il peut y avoir des biens
contraires à la nature ? » Pas du tout, mais ce qui peut
lui être contraire, c'est l'occasion dans laquelle ce bien
se produit : recevoir une blessure, être consumé dans les
flammes ou terrassé par la maladie, c'est contraire à la
nature. Mais au milieu de ces souffrances, conserver une
force d'âme inaltérable, voilà qui est en accord avec la
nature. Bref, l'occasion qui fait naître le bien est parfois
contraire à la nature ; le bien lui-même, jamais, car il
n'est pas de bien hors de la Raison : or la Raison suit
toujours la nature. Qu'est-ce donc que la Raison ?
L'imitation de la nature. Et qu'est-ce que le souverain
bien pour un homme ? Se conformer aux volontés de la
nature.

[...] Avec ta permission, Lucilius, cher ami, j'irai
même plus loin : si certains biens pouvaient être supérieurs à d'autres, je choisirais de préférence ceux qui
s'accompagnent en apparence de nombreuses difficultés
à ceux qui sont entourés de charme et de douceur. Il est
plus beau d'arriver à renverser les obstacles que de
modérer son plaisir. C'est le même principe, je le sais,
qui permet de rester mesuré dans le bonheur et courageux dans l'adversité. Il y a autant de bravoure chez la
sentinelle qui a veillé en toute tranquillité devant le
retranchement, en l'absence de toute attaque ennemie,
et chez le soldat qui, les jarrets coupés, s'est traîné sur
les genoux, sans rendre les armes. « Bravo ! Quel
courage ! » crie-t-on à celui qui revient tout sanguino-
lent du champ de bataille : je louerai donc de préférence
les biens qui exigent du courage face aux dangers et un
combat contre la Fortune. Pourquoi, moi, hésiterais-je
à trouver la main mutilée, et réduite à un moignon, de

Mucius Scaevola[1] plus digne d'admiration que celle du plus brave, encore intacte ? Mucius est resté debout, plein de mépris pour les ennemis comme pour la flamme ; il a regardé sa propre main tomber morceau par morceau dans le brasier, jusqu'au moment où Porsenna, dont il voulait le châtiment, envieux de sa gloire, fit emporter malgré lui le réchaud. Comment ne pas mettre ce bien-là au premier rang ? N'est-il pas d'autant supérieur à ceux qui sont à l'abri des coups du sort, qu'il est plus rare de vaincre l'ennemi avec une main perdue qu'avec une main armée ? « Comment, diras-tu, c'est là le bien que tu souhaites ? » Pourquoi pas ? Si on ne peut le désirer on ne pourra pas non plus le réaliser. Devrais-je plutôt aller m'allonger pour me faire masser par mes esclaves prêts à se prostituer, ou me faire pétrir les doigts par une courtisane ou un homme travesti en courtisane ? Comment ne pas trouver Mucius plus heureux ? Il offrit sa main au feu tout comme s'il l'avait tendue au masseur ! Il répara ainsi l'erreur qu'il avait commise : sans arme et sans main, il mit fin à la guerre, et, avec ce moignon, fut vainqueur de deux rois[2].

---

1. Mucius Scaevola avait résolu de tuer le roi étrusque Porsenna. Il pénétra dans son camp : deux hommes richement vêtus s'y trouvaient. Scaevola choisit de frapper celui qui était le plus entouré : c'était un secrétaire qui distribuait la solde. Menacé de torture par Porsenna, il place de lui-même sa main droite sur le réchaud et comme pour la punir de s'être trompée la regarde brûler.
2. C'est-à-dire Tarquin le Superbe et Porsenna.

# LETTRE XCII

## CONTRAIREMENT À CE QU'AFFIRMENT LES ÉPICURIENS, LE BONHEUR NE DOIT RIEN AU PLAISIR

Tu seras, je pense, d'accord avec moi sur ceci : les biens extérieurs sont recherchés pour le corps ; on soigne son corps par égard pour l'âme ; dans l'âme, il y a des parties soumises, grâce auxquelles nous pouvons bouger et manger, et qui nous ont été données pour servir cette partie principale. Celle-ci renferme à la fois le rationnel et l'irrationnel, celui-ci étant assujetti à celui-là, qui seul n'obéit à rien et dirige tout. La raison divine elle aussi commande à tout et ne reçoit aucun ordre ; la nôtre a les mêmes pouvoirs, puisqu'elle en est issue.

Si nous sommes d'accord sur ce point, nous devrons l'être aussi sur celui-ci : le bonheur ne consiste pour nous que dans une raison parfaite. Elle seule nous permet de tenir bon, de faire face aux coups du sort, de rester sereins quelle que soit la situation. Or le véritable bien est indestructible. Est heureux, dis-je, celui que rien n'amoindrit ; il est au sommet, sans autre soutien que lui-même (car si l'on prend un appui, on peut tomber). En choisissant une autre voie, on laisse des forces extérieures prendre un grand pouvoir sur soi. Qui voudrait dépendre de la Fortune ? Quel homme de bon sens se glorifierait de ce qui appartient à autrui ? Qu'est-ce que le bonheur ? La sérénité, le calme perpétuel. On l'obtiendra en élevant son âme, en restant fidèlement attaché à ses bonnes résolutions.

Comment arriver à cela ? En faisant un examen sans concession de la vérité, en conservant dans notre conduite l'ordre, la mesure, la décence, des sentiments honnêtes et bienveillants, tout entiers appliqués à suivre la raison sans jamais s'en écarter, qui fassent de nous des êtres aussi aimables qu'admirables. Enfin, pour résumer ma pensée, l'âme du sage doit être semblable à celle qui conviendrait à un dieu. Que peut-on encore désirer quand on a la chance de posséder la vertu dans son intégralité ? Car si d'autres moyens que la vertu peuvent mener à l'état le plus enviable, ils sont alors les éléments essentiels du bonheur. Or quoi de plus sot, de plus laid, que de lier le bonheur d'une âme raisonnable à des éléments qui ne le sont pas ?

Certains pourtant estiment que le souverain bien peut être accru, car, disent-ils, il est incomplet lorsque les coups du sort l'assaillent. Antipater[1] lui aussi, l'un des maîtres à penser de cette école, accorde quelque pouvoir, quoique très mince, aux biens extérieurs. Imagine quelqu'un qui trouverait la lumière du jour insuffisante sans le renfort d'une chandelle ! Quel poids peut avoir une étincelle lorsque le soleil brille de tout son éclat ? Si la seule vertu ne te suffit pas, tu voudras nécessairement y ajouter le calme, que les Grecs nomment « aochlè-sia[2] », ou le plaisir. On peut encore accepter le premier : grâce au calme, l'esprit libre de toute inquiétude peut sans entraves pénétrer l'univers et se consacrer entièrement à la contemplation de la nature. Le second, le plaisir, est bon pour une bête. Ajouter l'irrationnel au rationnel, le vice à la vertu ! Il est vrai qu'on a bien du plaisir à se faire chatouiller... Pourquoi alors hésiter à dire que tout va bien quand notre palais va bien ? Et tu le mets au rang je ne dis pas des grands hommes, mais des hommes, celui pour qui le souverain bien repose sur

---

1. Antipater, philosophe de l'école cyrénaïque, dont le chef de file fut Aristippe. Ce philosophe déclarait que le plaisir était le souverain bien et le définissait comme un mouvement doux.
2. Mot employé par Épicure, signifiant « tranquillité ininterrompue ».

les saveurs, les couleurs et les sons ? Il faut le retrancher du nombre des êtres vivants que leur suprématie place juste après les dieux : qu'il aille rejoindre le troupeau des bêtes privées de la parole, cet animal qui jouit de la pâture !

La partie irrationnelle de l'âme est elle-même constituée de deux parties : l'une est ardente, ambitieuse, dépendante des passions ; l'autre est basse, sans ressort, entièrement vouée aux voluptés. La première, qui ignore les limites, mais qui pourtant est meilleure et en tout cas plus vaillante et plus digne d'un homme véritable, on l'a laissée de côté ; l'autre, on l'a jugée indispensable au bonheur, alors qu'elle est dépourvue de force et gît à terre. On a imposé à la raison de subir sa loi, faisant ainsi du bonheur du plus noble des êtres vivants une choses vulgaire et vile, un monstrueux mélange de membres hétéroclites qui ne peuvent s'accorder. C'est ainsi que Virgile décrit Scylla :

« Le visage est celui d'un être humain et la poitrine
[celle d'une jolie fille ;
« Au-dessous de la taille, c'est un monstre marin
« Qui à une queue de dauphin joint un ventre de
[loup[1].

Cette Scylla cependant a pour acolytes des animaux sauvages, horribles, incroyablement agiles. Mais de quels monstres ces philosophes n'ont-ils pas composé la sagesse ? « La partie principale de l'homme, c'est la vertu elle-même, dit Posidonius[2]. On lui ajoute une chair inutile et flasque, qui ne sait qu'engouffrer la nourriture. » Cette vertu divine aboutit à la fange ! Aux parties supérieures, vénérables et célestes, on relie un animal grossier et alangui.

Ce repos, dont nous avons parlé plus haut, si profond fût-il, ne procurait rien à l'âme, certes, mais écartait

---

1. *Énéide* III, 426 sqq. Scylla était un monstre marin, qui, caché dans une caverne, attirait les vaisseaux. En fait, il s'agit d'un rocher du détroit de Messine.

2. Posidonius, disciple de Panétius, ouvrit une école de philosophie à Rhodes, au Iᵉʳ siècle avant J.-C.

d'elle les obstacles. Le plaisir, lui, est une sorte de dissolvant ; il amollit toutes les forces. Où trouvera-t-on assemblage plus choquant ? On met côte à côte le courage, le sérieux et la bagatelle, le sacré et le pire des dérèglements.

« Eh quoi ! dira-t-on, si la vertu ne doit trouver aucun obstacle dans la bonne santé, le repos, l'absence de douleur, ne les rechercheras-tu pas ? » Pourquoi pas ? Non qu'ils soient des biens, mais parce qu'ils sont conformes à la nature et que je m'appliquerai à les choisir avec discernement. Qu'y aura-t-il alors de bon en eux ? Seulement le choix avisé que j'en aurai fait. Quand je porte un vêtement seyant, quand en promenade j'adopte une démarche convenable, quand je mange en respectant les convenances, le bien ne réside ni dans le repas, ni dans la promenade, ni dans le vêtement, mais dans la manière dont je me propose d'en user, en gardant à chaque occasion la mesure raisonnable. J'irai même plus loin : il est souhaitable que l'homme choisisse un vêtement élégant : l'homme en effet est un être naturellement élégant et distingué. Ainsi, ce n'est pas un bien en soi qu'un habit élégant, mais c'en est un que le choix de cet habit. Le bien n'est pas dans la chose même, mais dans le choix qu'on en fait : la vertu est dans nos actions, non dans la matière de nos actions.

Ce que je dis du vêtement, je le dis aussi du corps, sache-le bien. N'est-il pas comme le vêtement que la nature a donné à l'âme ? Il est le voile qui la recouvre. Or qui a jamais estimé les vêtements d'après le coffre qui les renferme ? Le fourreau ne fait pas la qualité, bonne ou mauvaise, de l'épée. Je te donne donc la même réponse au sujet du corps : je prendrai sans doute, si on me donne le choix, la santé et la vigueur ; mais le bien, c'est le jugement que je porterai sur elles, et non elles-mêmes.

# LETTRE XCV

## AUJOURD'HUI,
## LES PRÉCEPTES PARTICULIERS
## NE SUFFISENT PLUS :
## IL FAUT LES FONDER
## SUR DES PRINCIPES GÉNÉRAUX

[...] « L'antique sagesse, dit-on, ne prescrivait rien d'autre que ce qu'il faut faire ou éviter, et les hommes de cette époque nous étaient de beaucoup supérieurs : depuis que les érudits ont pris la première place, les hommes de bien se font rares. Cette vertu simple et accessible s'est transformée en une science hermétique réservée aux intellectuels, qui nous enseigne à faire des dissertations et non à vivre ! » Vous avez raison, cela ne fait aucun doute : la vieille sagesse, à sa naissance, était fruste, tout comme les autres arts, qui en évoluant se sont raffinés. Mais on n'avait pas encore besoin alors de traitements exigeant des soins attentifs. L'immoralité n'avait pas encore atteint ces sommets et ne s'était pas encore aussi largement répandue : les vices simples pouvaient être guéris par des remèdes simples. À présent, il faut se munir de défenses d'autant plus solides que les assauts dont nous sommes menacés sont plus violents.

Autrefois, la médecine consistait à connaître un petit nombre de plantes qui permettaient d'étancher le sang et de cicatriser les plaies ; ensuite elle a progressivement atteint cette extraordinaire complexité. Quoi d'étonnant ? Elle avait moins à faire quand les corps étaient fermes et résistants, et la nourriture facile à digérer, vierge des artifices inventés par la volupté. Depuis qu'on mange non plus pour apaiser la faim, mais pour l'exciter, et qu'on a trouvé mille condiments pour stimuler l'appétit, les aliments ne viennent plus combler un manque, mais imposer une surcharge. Que de conséquences funestes ! Ainsi le teint livide, les muscles qui tremblent sous l'effet du vin, la maigreur due aux indigestions, plus pitoyable que celle qu'engendre la faim. Ainsi la démarche incertaine et trébuchante de l'ivrogne qui titube du matin au soir. Ainsi l'humeur qui s'infiltre sous la peau et le gonflement du ventre qui a pris l'habitude d'absorber plus qu'il ne peut contenir. Ainsi l'épanchement d'une bile jaunâtre, qui ternit le teint ; putréfaction des organes ; doigts recroquevillés qu'on ne peut plus bouger ; inertie du système nerveux qui ne sent plus rien, ou tremblement incessant de tout le corps. Que dire des vertiges ? Ou bien des troubles de la vue et de l'ouïe, des violentes migraines qui font de la tête un volcan, et des abcès qui affectent les intestins ou la vessie ? Que dire encore des fièvres aux formes innombrables, qui tantôt envahissent brutalement le malade, tantôt s'insinuent en lui pour distiller leur poison, tantôt s'accompagnent de frissons et de spasmes ? À quoi bon énumérer les autres maladies par lesquelles on paie chèrement les voluptés ?

Ils n'étaient pas touchés par ces maux, les hommes qui ne s'étaient pas encore liquéfiés dans les raffinements des plaisirs, et qui étaient à la fois leurs propres maîtres et leurs propres serviteurs. Ils endurcissaient leur corps par le travail et le véritable effort, que demandait la course, la chasse ou le labour. La nourriture qui les attendait ne pouvait convenir qu'à des estomacs affamés ! On n'avait donc nul besoin de tout l'attirail de nos médecins, de tous les instruments de nos chirurgiens et de toutes nos boîtes de pillules. La maladie était simple car simple était sa cause : la multiplicité des maux provient de la multiplicité des plats. Vois quel mélange d'aliments doit passer dans un seul gosier : c'est le luxe qui le veut, ce fléau des terres et des mers. Inévitablement, des ingrédients si divers ne peuvent s'accorder entre eux et, une fois avalés, ils

provoquent une indigestion du fait de leur incompatibi-
lité. Rien d'étonnant à ce qu'une nourriture mal équili-
brée engendre des maladies imprévisibles et variées, et
que des produits naturellement opposés, si on les
engloutit tout d'un coup, soient rejetés ! Ainsi donc, nos
malaises sont aussi variés que nos nourritures.

Le plus grand des médecins, le fondateur de la
médecine [1], a affirmé que les femmes n'étaient sujettes
ni à la calvitie ni à la goutte : pourtant, elles perdent
leurs cheveux et elles sont goutteuses. Ce n'est pas leur
nature qui a changé, mais leur vie : en égalant les
hommes dans la débauche, elles les ont aussi égalés dans
les ennuis de santé ! Comme eux, elles passent des nuits
blanches, comme eux elles boivent, et elles les défient à
la lutte et dans les beuveries. Comme eux aussi elles
rendent par la bouche ce qu'elles ont avalé quand leur
organisme n'en voulait pas et vomissent la quantité
exacte du vin qu'elles ont bu. Tout comme eux, elles
sucent de la neige pour soulager leur estomac en feu. Au
lit non plus elles ne se laissent pas dominer par le mâle :
nées pour le rôle passif (que les dieux et les déesses les
maudissent !) elles ont inventé cette infâme perversité :
pénétrer leur partenaire. Comment donc s'étonner si le
plus grand des médecins est pris en flagrant délit de
mensonge quand on voit tant de femmes chauves et
atteintes de la goutte ? Elles ont perdu les privilèges de
leur sexe à cause de leurs vices, et pour s'être dépouil-
lées de leur féminité, elles ont été condamnées aux
maladies masculines [2].

Les médecins de jadis ne savaient pas prescrire des
repas fréquents ni utiliser le vin pour ranimer un pouls
défaillant ; ils ne savaient pas pratiquer la saignée ni
soigner une maladie chronique en recourant au bain et à
l'étuve ; ils ne savaient pas, en ligaturant les bras et les
jambes, repousser aux extrémités du corps le foyer du
mal qui gît caché dans les profondeurs. Il n'était pas

1. Sans doute s'agit-il d'Aristote.
2. On rapprochera cette invective de la Satire VI de Juvénal.

nécessaire de chercher partout mille sortes de secours
quand il y avait si peu de dangers. Aujourd'hui en
revanche, quels progrès la maladie a accomplis ! Nous
payons les intérêts des plaisirs que nous avons poursui-
vis sans retenue, sans respect de rien.

Nos maladies sont innombrables. Tu t'en étonnes ?
Compte donc les cuisiniers. On a cessé d'étudier ; les
professeurs d'arts libéraux sont en chaire devant des
salles vides. Dans les écoles de rhétorique et de philosophie, c'est le désert : mais quelle foule dans les cuisines,
quel rassemblement de jeunes gens autour des four-
neaux des fils de famille ! Je passe sur ces troupeaux de
malheureux garçons qui, arrivés au bout du festin, sont
réservés à d'autres outrages, dans la chambre [1]. Je passe
sur les bataillons de prostitués qu'on répartit selon leur
nationalité et selon leur couleur : tous doivent avoir le
même velouté, la même longueur de duvet au menton,
la même nature de cheveux — quelle horreur, si une
tête à cheveux raides se trouvait aux milieu de cheve-
lures frisées ! Je passe sur la foule des pâtissiers, sur celle
des serviteurs qui, au signal donné, courent de tous
côtés pour apporter les plats. Dieux bons, quel remue-
ménage pour la satisfaction d'un seul ventre !

Eh bien, ces champignons, poison exquis, n'accom-
plissent-ils pas selon toi un travail souterrain, même si
aucune réaction ne se fait sentir sur l'instant ? Allons
donc ! Cette neige qu'on avale en plein été, crois-tu
qu'elle ne durcisse pas le foie ? Et ces huîtres, cette chair
visqueuse gorgée de fange, elles ne te feraient pas
absorber un peu de leur vase bien grasse ? Quant à ce
garum [2], précieuse pourriture de mauvais poissons, dont

1. On trouve la mention de cette même coutume dans la lettre
XLVII. La lettre CXXIII nous montre aussi ces bataillons d'adolescents
réservés aux plaisirs du maître, qui les emmène avec lui en voyage...
2. Il s'agit d'une saumure faite avec les intestins de certains
poissons, confits dans du vinaigre et poivrés, ou dans l'eau et le sel, ou
dans l'huile, en y ajoutant des fines herbes. On dit que le meilleur
garum était celui du maquereau. Il servait d'assaisonnement obligé
aux plats de poissons et de coquillages.

un magasin a le monopole, ne brûle-t-il pas les
entrailles de sa saumure putréfiée ? Ces purulences
qui, à peine sorties du feu, passent directement dans
la bouche, peuvent-elles sans dommages s'éteindre au
sein de notre organisme ? Après cela, quels renvois
écœurants et pestilentiels ! Comme on se dégoûte soi-
même, quand on sent monter les relents du vin mal
digéré ! Tout ce qu'on a absorbé dans ces conditions
pourrit dans l'estomac, qui ne peut l'assimiler. [...]

Je t'en dis autant de la philosophie. Elle était plus
simple quand les vices étaient moins importants et ne
réclamaient que des remèdes légers : contre un si
grand bouleversement des mœurs, il faut employer
tous les moyens. Puissions-nous enfin, de cette
manière, enrayer l'épidémie ! Notre folie ne s'arrête
pas à notre vie privée : elle déborde sur la communauté. Nous réprimons les meurtres individuels ; mais
les guerres et le glorieux assassinat de nations
entières ? La cupidité, la cruauté ne connaissent plus
de limites. Tant qu'ils sont pratiqués en secret par des
particuliers, ces vices sont pourtant moins nuisibles et
moins monstrueux ; mais c'est par des sénatus-
consultes et des plébiscites que l'on commet des atrocités et qu'on ordonne officiellement aux citoyens ce
qu'on interdit aux individus. Des actes que l'on paie-
rait de sa tête si on les commettait en cachette reçoivent nos éloges si l'on met une tenue de soldat pour
les perpétrer. Les hommes n'ont pas honte, ces êtres
si doux, de s'entretuer avec joie, de faire la guerre et
de la transmettre en héritage à leurs enfants, alors que
les bêtes brutes vivent en paix.

Face à une folie qui a si largement étendu son
empire, la philosophie est devenue plus active,
s'armant de forces proportionnées à celles de l'adversaire qu'elle allait combattre. Auparavant, il était
facile de sermonner ceux qui avaient un penchant pour
la bouteille ou qui versaient dans la gourmandise ; on
n'avait pas un grand effort à fournir pour ramener à la
sobriété une âme qui s'en était un peu écartée :

« Maintenant, il faut des mains agiles, maintenant on a besoin de maîtres artisans[1]. »

Partout c'est la course aux plaisirs. Il n'est pas de vice qui reste à l'intérieur de ses limites : ainsi le luxe nous précipite-t-il dans la cupidité. Qu'est-ce que le bien ? On l'a oublié : aucune honte à avoir, si le profit est à la clé ! L'homme, objet sacré pour l'homme, on le tue aujourd'hui par jeu, pour passer le temps. Il était sacrilège de lui apprendre à porter ou à recevoir des coups : à présent on le produit en public nu et sans armes, et tout le spectacle qu'on attend de lui, c'est sa mort.

Quand les mœurs ont atteint ce degré de perversion, on a besoin d'un remède plus violent que d'habitude pour prendre à la racine un mal bien implanté : il faut se munir de dogmes pour arracher définitivement les idées reçues qui font prendre le faux pour le vrai. Joints à ces principes généraux, les préceptes particuliers, les consolations, les encouragements pourront être efficaces : en soi, ils n'ont aucun effet. [...]

---

1. *Énéide* VIII, 442. Ordre donné par Vulcain aux Cyclopes qui doivent forger l'armure d'Énée.

# LETTRE CXXIII

## LE PHILOSOPHE DOIT S'HABITUER
## À UN RÉGIME SIMPLE ET MÉPRISER
## L'APOLOGIE DU PLAISIR

Épuisé par une route plus désagréable que longue, je suis arrivé en pleine nuit dans ma propriété d'Albe [1]. Je n'y ai rien de prêt, sauf moi. Aussi me laissé-je tomber de fatigue sur mon lit, prenant mon parti du retard de mon cuisinier et de mon boulanger. Je médite et me dis que rien n'est grave quand on sait l'accepter avec bonne humeur, et que rien ne mérite notre indignation si notre colère même ne grossit pas une affaire sans importance. Mon boulanger n'a pas de pain ? Mais mon régisseur en a, lui, ou mon concierge, ou mon métayer. « C'est du mauvais pain », diras-tu. Attends, il deviendra bon ; et même, la faim en fera du pain moelleux et bien blanc, pourvu que tu attendes pour le manger qu'elle te le commande. Soit, j'attendrai, et ne le mangerai que lorsqu'il sera devenu bon à mon goût, ou que j'aurai cessé de faire le difficile.

Il est nécessaire de s'habituer à vivre de peu : de nombreuses difficultés liées aux lieux ou aux circonstances surgiront devant nous, fussions-nous riches et bien armés pour le plaisir, dont elles nous priveront. On

---

1. Les maisons de campagne furent très en vogue dès la fin de la République. Cicéron en possédait neuf. Par la suite, cette mode s'accrut : Horace parle dans ses *Épîtres* et dans ses *Satires* de sa villa de Sabine que lui offrit Mécène. Pline évoque ses propriétés de campagne dans sa correspondance. Sénèque mourut dans l'une de ses maisons de campagne, qui se trouvait à quatre milles de Rome.

ne peut jamais avoir tout ce que l'on veut. Ce qui est possible, c'est de ne pas vouloir ce que l'on n'a pas, et de profiter gaiement de ce qui s'offre. Notre liberté dépend pour une bonne part d'un estomac bien réglé et capable de supporter un contretemps. On ne peut concevoir quel plaisir j'éprouve à laisser ma fatigue passer toute seule : ni masseurs, ni bains [1], ni aucun autre remède : je n'ai besoin que du temps. L'effet de la fatigue disparaît avec du repos. Quel qu'il soit, ce repas sera pour moi plus agréable qu'un dîner officiel. J'ai en effet soumis mon âme à une épreuve improvisée, d'autant plus sincère et authentique. En effet, quand on s'est préparé à l'endurance, quand on se l'est prescrite, on ne voit pas aussi bien de quelle fermeté on est capable. Les indices les plus certains apparaissent dans une situation imprévue, quand on regarde les ennuis sans changer de visage et même avec sérénité ; quand on ne se laisse pas embraser par la colère ; quand on supplée à ce qui nous était dû en ne le regrettant pas, avec l'idée que c'est l'habitude qui subit un manque, et non soi-même.

Bien des choses sont superflues : nous ne le comprenons qu'au moment où nous en sommes privés. Nous en usions parce que nous les avions et non parce qu'elles étaient nécessaires. Que d'objets nous achetons parce que d'autres les ont achetés, parce qu'on les voit chez tout le monde ou presque ! L'une des causes de nos malheurs est que nous vivons en prenant exemple sur autrui : nous ne nous réglons pas sur la Raison, mais nous laissons détourner par les usages. Une coutume adoptée par une poignée de gens, nous refuserions de la prendre à notre compte ; la mode s'en généralise-t-elle, nous la suivons, comme si qualité était synonyme de quantité : on tient une voie sans issue pour le droit chemin, lorsque tout le monde la suit !

1. Beaucoup de maisons particulières étaient pourvues d'une salle de bains. Sénèque fustige leur luxe dans la lettre LXXXVI, où il compare celle de Scipion l'Africain à celles des riches Romains. Les masseurs frictionnaient le maître après l'avoir oint d'huile ou d'essence balsamique.

On ne voyage plus que précédé d'une escorte de cavaliers numides et d'une troupe de messagers. Quelle honte de n'avoir personne pour dégager le passage ou pour montrer à grand renfort de poussière qu'un homme important arrive ! Tout le monde a des mulets pour transporter des vases de cristal, des vases murrins [1], de la vaisselle ciselée de la main des plus grands artistes ; quelle honte si l'on peut croire que rien dans tes bagages ne craint les secousses de la route ! Le cortège des jeunes esclaves ne monte en voiture que le visage enduit de pommade, pour que ni le soleil ni le froid n'offense leur tendre peau : quelle honte si dans cette compagnie d'adolescents il y en a un seul dont le teint frais se prive de crème !

Il faut éviter d'écouter tous ces gens-là : ce sont eux qui transmettent les vices et les répandent d'un endroit à un autre. On pensait que la pire engeance était celle des colporteurs de médisances. Voici maintenant les colporteurs de vices ; leurs propos sont éminemment nuisibles : en effet, même s'ils ne font pas tout de suite effet, ils laissent des germes dans notre âme et le mal nous poursuit, une fois que nous nous sommes séparés de ceux qui le professent, prêt à renaître plus tard. Les auditeurs qui sortent d'une salle de concert emportent avec eux le rythme et les douces harmonies qui gênent leurs pensées et les empêchent de s'appliquer à des sujets sérieux : de même les propos des flatteurs et des apologistes du vice restent-ils fixés en nous après que nous les avons entendus. Or il n'est pas facile d'arracher de son âme un son plein de charme : il nous accompagne, il persiste et revient par intervalles. Il faut donc fermer ses oreilles aux paroles pernicieuses, et les fermer tout de suite : dès qu'elles ont fait leur entrée et se sont installées, elles sont plus hardies. Et on en arrive à des discours de ce genre :

« Vertu, philosophie, justice : vain cliquetis de mots !

---

1. Vases faits avec de la murrhe, d'un très grand prix. La murrhe était sans doute l'agate ou le sardonyx.

Le seul bonheur, c'est de profiter de la vie ; manger, boire, jouir de son patrimoine, c'est cela, vivre, c'est cela, se rappeler qu'on est mortel ! Les jours passent et la vie fuit inexorablement[1]. Et nous hésitons ? A quoi bon être sage, et, tandis que nous sommes à l'âge où l'on goûte les plaisirs, où on les réclame, nous imposer la frugalité ? Nous ne serons pas toujours jeunes ! A quoi bon courir au-devant de la mort et s'interdire dès à présent tout ce qu'elle va emporter ? Tu n'as pas de maîtresse, pas de petit amant pour exciter la jalousie de ta maîtresse[2]. Chaque jour tu sors de chez toi à jeûn. Tes repas sont ceux d'un homme qui doit présenter à son père le journal de ses dépenses[3] : cela n'est pas vivre, mais rester à côté de la vie. Quelle folie d'accumuler pour son héritier et de tout se refuser à soi-même, pour que cette grande fortune que tu laisses te fasse un ennemi d'un ami ! Car plus le legs sera important, plus le légataire se réjouira de ta mort. Ces tristes sires, censeurs rébarbatifs de la vie d'autrui et ennemis de la leur, ces mentors du peuple, ne leur accorde pas un sou de crédit ; entre une bonne vie et une bonne réputation, choisis la première sans hésiter ! »

Ces voix, il faut les fuir comme celles qu'Ulysse ne voulut affronter que pieds et poings liés. Leur pouvoir est le même : elles nous détournent de notre patrie, de nos parents, de nos amis, de la vertu, et nous jettent dans la honte d'une vie misérable si on ne sait leur résister. Comme il vaut mieux suivre un sentier sans détours et s'acheminer jusqu'au point où seul le bien nous sera agréable ! Nous pourrons l'atteindre si nous reconnaissons qu'il existe deux sortes d'objets : ceux qui nous attirent et ceux qui nous rebutent. Parmi les

1. Cf. Montaigne : « Ils vont, ils viennent, ils dansent : de mort, nulles nouvelles » (I, XX).
2. On voit que l'homosexualité est chose courante et évidente à l'époque de Sénèque et particulièrement dans le milieu qui fut le sien. On pense bien sûr aussi aux héros du roman de Pétrone.
3. Le mot latin *ephemeris* désigne le livre de dépenses journalières ou l'agenda.

premiers on trouve les richesses, les plaisirs, la beauté,
l'ambition, tout ce qui flatte et séduit ; parmi les
seconds, le labeur, la mort, la douleur, l'infamie, une
vie réglée. Nous devons donc nous exercer à ne pas
craindre les uns, à ne pas convoiter les autres. Il faut
lutter en prenant deux directions contraires ; tourner le
dos aux attraits de la séduction, résister de toutes ses
forces aux attaques. Regarde la position d'un homme
qui descend une côte et d'un autre qui la gravit : le
premier penche le corps en arrière, le second le penche
en avant. Faire porter le poids de son corps en avant
dans la descente et le ramener en arrière dans la
montée, c'est faire un pacte avec le mal, Lucilius. Pour
atteindre les plaisirs, on descend ; pour affronter les
épreuves, il faut escalader une pente escarpée : dans un
cas, nous retiendrons notre corps, dans l'autre nous le
lancerons vers l'avant.

   [...]

# DOSSIER

# QUINTILIEN

*M. Fabius Quintilianus naquit en Espagne vers 35 après J.-C. et mourut entre 97 et 106. Il fut un avocat renommé à Rome mais son rôle comme professeur fut beaucoup plus considérable. Il fut sans doute le premier à bénéficier du salaire annuel de 100 000 sesterces que Vespasien accorda aux rhéteurs. Ce fut lui aussi qui ouvrit la première école publique. Le seul de ses ouvrages qui nous soit parvenu est le* De Institutione Oratoria, *composé entre 92 et 96, alors que Quintilien avait abandonné ses fonctions de professeur. L'auteur se propose d'écrire un formulaire de l'éducation du parfait orateur, prenant l'enfant au berceau et le suivant dans les écoles du grammairien puis du rhéteur, examinant longuement ce qui fait la substance même de la rhétorique et aussi quelles doivent être les mœurs de l'orateur. Au début du livre X, il trace une esquisse de l'histoire de la littérature à Rome et en Grèce : il finit par Sénèque, sur lequel il porte un jugement sévère. On ne peut s'empêcher de voir là quelque jalousie à l'égard de l'écrivain populaire et novateur que fut l'auteur des* Lettres à Lucilius.*

C'est à dessein que j'ai réservé Sénèque pour la fin dans cet examen de tous les genres littéraires : on croit généralement, et cela à tort, que je le condamne et que même je le déteste. Cela vient du fait que je me suis appliqué à ramener le style, que toutes sortes de travers avaient corrompu et affaibli, à un goût plus sévère. Or à cette époque, Sénèque était presque le seul auteur qui se trouvât entre les mains des jeunes gens. Je ne voulais certes pas le leur arracher totalement, mais je refusais qu'on le préférât à d'autres qui lui sont supérieurs et qu'il n'avait cessé de critiquer : c'est que, conscient d'avoir pris une direction opposée à la leur, il n'était pas sûr de pouvoir plaire par son style à ceux qui appréciaient les autres ! Les étudiants l'aimaient plus qu'ils ne l'imitaient, et ils s'écartaient du chemin qu'il avait tracé autant que lui-même avait dévié par rapport aux classiques. Si seulement ils avaient égalé, ou du moins approché leur maître ! Mais il ne plaisait que pour ses défauts, sur lesquels chacun se précipitait pour les reproduire comme il pouvait : ensuite, en se vantant d'avoir le style de Sénèque, on faisait du tort à cet écrivain.

Il avait d'ailleurs beaucoup de belles qualités : un talent qui comprenait à la fois la facilité et la fécondité ; une grande puissance de travail ; une vaste culture — bien qu'il fût parfois abusé par les gens auxquels il confiait certaines recherches. Il pratiqua en outre presque tous les genres : on a de lui des discours, des poèmes, des lettres et des dialogues. En philosophie, il montra trop peu de rigueur, mais il dénonça les vices avec une vigueur remarquable. Il y a chez lui beaucoup de traits brillants, et même beaucoup de pages intéressantes à lire d'un point de vue moral ; mais son style est la plupart du temps corrompu, et d'autant plus pernicieux qu'il regorge de défauts séduisants. On voudrait qu'il eût écrit avec son propre talent, mais guidé par le goût d'un autre : s'il avait dédaigné les expressions obscures, s'il n'avait eu un amour immodéré pour les tournures incorrectes, s'il n'avait pas apprécié tout ce qui était de sa main, s'il n'avait pas affaibli la force de ses idées en les exprimant sous la forme de phrases hachées, alors c'est l'assentiment unanime des hommes cultivés plus que l'enthousiasme des adolescents qui aurait fait de lui un auteur reconnu.

Mais même ainsi, les hommes faits et formés à un style plus sévère doivent le lire, parce que entre autres il leur permet d'exercer leur jugement critique au blâme comme à l'éloge. On trouve en effet, comme je l'ai dit, beaucoup de bonnes pages chez cet écrivain, et même beaucoup de pages admirables, pourvu qu'on sache faire le tri : que ne l'a-t-il fait lui-même ! Avec ces qualités naturelles, il aurait dû vouloir faire mieux ; mais il a fait ce qu'il a voulu !

# PLUTARQUE

## EXTRAIT DU *TRAITÉ*
## *SUR LA TRANQUILLITÉ DE L'ÂME*

*Plutarque naquit dans une petite ville de Béotie, à Chéronée, vers 50 après J.-C. et mourut dans un âge très avancé : on sait très peu de choses sur sa vie. Il est l'auteur des célèbres* Vies parallèles, *dans lesquelles il met côte à côte la vie d'un héros grec et d'un héros romain, comparables pour leurs exploits et leur vertu. Mais il est aussi l'auteur de très nombreuses œuvres morales. Montaigne, au livre II des* Essais, *se livre d'ailleurs à une comparaison en règle des* Œuvres morales *de Plutarque et des* Lettres *de Sénèque : « Leur instruction est la crème de la philosophie, et présentée d'une simple façon, et pertinente. Plutarque est plus uniforme et constant, Sénèque plus ondoyant et divers : celui-ci se peine, se raidit et se tend pour armer la vertu contre la faiblesse, la crainte et les vicieux appétits ; l'autre semble n'estimer pas tant leurs efforts, et dédaigner d'en hâter son pas et se mettre sur sa garde. Plutarque a les opinions platoniques douces et accommodables à la société civile ; l'autre les a stoïques et épicuriennes, plus éloignées de l'usage commun, mais, selon moi, plus commodes en particulier et plus fermes... Sénèque est plein de pointes et de saillies ; Plutarque, de choses ; celui-là vous échauffe et vous émeut ; celui-ci vous contente davantage et vous paie mieux ; il nous guide, l'autre nous pousse. »*

*On pourra juger de l'acuité du jugement de Montaigne en comparant les dernières pages du traité de Plutarque aux pages consacrées au Sage dans les* Lettres *de Sénèque, qui écrivit lui aussi un* De Tranquillitate animi *(53-54 après J.-C.)*

*Traduction de Jean Dumortier et Jean Defradas, publiée aux Belles-Lettres.*

**18**  L'insensé se raccroche à son corps par crainte de la mort, non par désir de vivre : il y est cramponné, comme Ulysse au figuier sauvage, par crainte de Charybde placée au-dessous,

> « où le vent ne permet ni de rester, ni de voguer »,

mécontent de la vie et craignant la mort. Mais celui qui a quelque idée de la nature de l'âme et tient compte qu'au moment de la mort l'âme change pour le mieux, ou du moins pour rien de pire, celui-là a en main un grand viatique de sérénité devant la vie, l'assurance devant la mort. Celui qui peut vivre agréablement, quand prévaut la part de son existence qui lui plaît et dépend de lui, mais, quand prend le dessus ce qui lui est étranger et contraire à sa nature, s'en aller sans crainte en disant :

> « Le dieu m'affranchira, quand je le voudrai »,

quel mal, quel désagrément, quel trouble imaginer qui puisse l'atteindre ? Celui-là du moins qui a dit : « Je t'ai devancé, ô Destin, et je suis à l'abri de toutes tes incursions », ne se rassurait point avec des verrous, des clefs, des murailles, mais avec des principes et des raisons qui sont à la disposition de qui le désire. Et il ne faut rien récuser, ni refuser de croire parmi les choses de ce genre que l'on raconte, mais plein d'admiration, de zèle, d'enthousiasme, s'éprouver soi-même et s'observer dans des épreuves mineures en vue d'en subir de plus graves sans tenter de fuir ni de repousser de son âme l'application aux épreuves mineures en se réfugiant dans la pensée que : « Peut-être n'y aura-t-il rien de plus fâcheux. » Car la langueur et la mollesse ennemie de l'exercice naissent du laisser-aller de l'âme, qui vaque toujours au plus facile et se détourne des contrariétés pour chercher son bon plaisir. L'âme au contraire qui s'exerce à se représenter maladie, peine, exil et se contraint à fixer son raisonnement sur chacun de ces maux, découvrira qu'il y a beaucoup de fausseté, de vide, de caducité dans ce qui passe pour fâcheux et redoutable, comme le démontre la raison dans chaque cas.

**19**  Beaucoup cependant frémissent au mot de Ménandre :

> « Tant qu'il est en vie, qui peut dire :
> Ceci ne m'arrivera pas »,

car ils ignorent quelle ressource pour éviter le chagrin réside dans l'exercice qui rend capable de regarder le Destin en face, sans ciller, au lieu de se créer des imaginations peu aguerries et molles comme un homme qui se repaît dans l'ombre d'une foule d'espérances qui plient toujours sans se raidir pour rien. Nous pouvons cependant répondre à Ménandre :

« On ne peut dire de son vivant : ceci ne m'arrivera pas »,

mais on peut dire de son vivant : « je ne ferai pas cela ; je ne mentirai pas, je ne serai pas déloyal, ni voleur, ni intrigant. » Ceci dépend de nous et n'est point d'un petit, mais d'un grand secours pour la tranquillité de l'âme. Tout comme, au contraire,

« Le sentiment d'avoir commis de graves fautes »

laisse dans l'âme, comme une plaie dans la chair, un remords qui la meurtrit et l'ensanglante toujours. La raison supprime les autres causes de chagrin, mais elle suscite elle-même le remords, quand l'âme saisie de honte se déchire et se châtie elle-même. De même que ceux qui frissonnent, brûlés de fièvres continues ou rémittentes, sont plus tourmentés et en pire état que ceux qui éprouvent ces impressions de l'extérieur, sous l'effet de la chaleur ou du froid, ainsi les coups de la Fortune causent des peines plus légères à supporter, parce qu'elles proviennent de l'extérieur. La formule :

« Nul autre ne m'a causé ce mal ; moi seul suis responsable »,

prononcée comme un thrène sur les fautes commises intérieurement par soi-même, rend plus pesante la souffrance, en raison de l'infamie. Aussi ni la richesse du patrimoine, ni les monceaux d'or, ni l'illustration de la race, ni la grandeur du pouvoir, ni la grâce ou l'éloquence dans les discours n'apportent à la vie une si grande sérénité, une telle bonace que la pureté d'une âme éloignée des actes et desseins pervers, dont la source vitale est son caractère à l'abri du trouble et de la souillure ; de cette source coulent les belles actions, qui possèdent une force inspirée et joyeuse, accompagnée de fierté, et laissent un souvenir plus agréable et plus fidèle que l'espérance pindarique, nourricière de la vieillesse. Car si « les encensoirs, comme disait Carnéade, même bien vidés, exhalent longtemps encore leur parfum », dans l'âme de l'homme sensé les belles actions ne manquent pas de laisser une pensée toujours agréable et vivace, par laquelle la joie s'avive et s'épanouit, et qui lui fait mépriser les gens qui se lamentent et injurient la vie, comme si ce monde était une terre de misères, un séjour d'exil assigné à leur âme.

**20**    Mais j'admire aussi Diogène, qui, voyant son hôte de Lacédémone se préparer plein de zèle pour une fête, lui dit : « Un homme de bien ne célèbre-t-il pas une fête chaque jour ? » Et une fête splendide, si nous sommes vertueux. Le monde est le temple le plus saint et le plus digne d'un dieu. L'homme y est introduit par sa naissance en spectateur, non de statues, œuvres de la main des hommes et immobiles, mais de ces images sensibles des essences intelligibles, comme dit Platon, images que l'Intelligence divine nous a montrées en possession d'un principe de vie et de mouvement, le soleil, la lune, les étoiles, les fleuves dont l'eau coule toujours nouvelle, et la terre qui fait croître la nourriture des plantes et des animaux. Une vie qui est initiation à ces mystères et révélation parfaite doit être pleine de joie recueillie. Il en va autrement de la foule qui attend les fêtes de Cronos, les Diasies, les Panathénées et jours semblables, afin de reprendre haleine et de se divertir, en ayant un rire vénal à des mimes et des danseurs. Lors de ces fêtes, nous restons assis recueillis dignement, car nul ne gémit en se faisant initier, ni ne se lamente en assistant aux Jeux pythiques ou en buvant aux fêtes de Cronos. Mais les fêtes que la divinité nous dispense et où elle nous initie, nous les profanons en passant notre vie le plus souvent dans les gémissements, l'accablement, les soucis pénibles. Les hommes aiment les instruments de musique dont le son est agréable, les oiseaux chanteurs ; ils voient avec plaisir les animaux qui folâtrent et bondissent, tandis qu'ils éprouvent de la répulsion pour ceux qui hurlent, rugissent, ont un aspect repoussant ; mais quand ils voient leur propre vie sans un sourire, morne, toujours accablée et oppressée par les impressions désagréables, les embarras, les soucis sans fin, non seulement ils ne veulent pas se procurer à eux-mêmes de quelque côté repos et soulagement, mais si d'autres les y invitent, ils n'accueillent même pas des propos qui doivent leur permettre de s'accommoder sans récriminer du présent, de se souvenir avec reconnaissance du passé, de s'avancer vers l'avenir sans crainte ni inquiétude, joyeux et rayonnants d'espérance.

# MONTAIGNE

*Autour de 1572, Montaigne fait des* Lettres à Lucilius *son livre de chevet. Il emprunte à Sénèque de nombreuses sentences, qu'il retranscrit dans les chapitres qui datent de 1571 et 1572. Le thème de la mort est bien sûr l'occasion pour lui de reprendre bien des passages de l'œuvre du philosophe latin. On reconnaîtra en particulier ce que les chapitres I, XX et I, XIX doivent aux lettres XXIV et LXXVII.*

## CHAPITRE XIX

### QU'IL NE FAUT JUGER DE NOSTRE HEUR *[1]
### QU'APRÈS LA MORT

[A] *Scilicet ultima semper*
*Expectanda dies homini est, dicíque beatus*
*Ante obitum nemo, supremáque funera debet.* [2]

Les enfants sçavent le conte du Roy Crœsus à ce propos : lequel, ayant esté pris par Cyrus et condamné à la mort, sur le point de l'execution, il s'escria : O Solon, Solon ! Cela

---

* Les notes proviennent de l'édition d'origine.
1. Bonheur.
2. « Il faut toujours attendre le dernier jour d'un homme, et personne ne peut être déclaré heureux avant sa mort et ses funérailles qui mettent fin à tout. » (Ovide. *Métam.*, III, 133.)

rapporté à Cyrus, et s'estant enquis que c'estoit à dire[1], il luy fist entendre qu'il verifioit lors à ses despens l'advertissement qu'autrefois luy avoit donné Solon, que les hommes, quelque beau visage que fortune leur face, ne se peuvent appeler heureux, jusques à ce qu'on leur aye veu passer le dernier jour de leur vie, pour l'incertitude et varieté des choses humaines, qui d'un bien leger mouvement se changent d'un estat en autre, tout divers. Et pourtant[2] Agesilaus, à quelqu'un qui disoit heureux le Roy de Perse, de ce qu'il estoit venu fort jeune à un si puissant estat. Ouy mais, dit-il, Priam en tel aage ne fut pas malheureux. Tantost, des Roys de Macedoine, successeurs de ce grand Alexandre, il s'en faict des menuisiers et greffiers à Rome[3] ; des tyrans de Sicile, des pedantes[4] à Corinthe. D'un conquerant de la moitié du monde, et Empereur[5] de tant d'armées, il s'en faict un miserable suppliant des belitres officiers d'un Roy d'Egypte : tant cousta à ce grand Pompeius la prolongation de cinq ou six mois de vie. Et, du temps de nos peres, ce Ludovic Sforce, dixiesme Duc de Milan, soubs qui avoit si long temps branslé toute l'Italie, on l'a veu mourir prisonnier à Loches ; mais apres y avoir vescu dix ans, qui est le pis de son marché. [C] La plus belle Royne[6], veufve du plus grand Roy de la Chrestienté, vient elle pas de mourir par main de bourreau[7] ? [A] Et mille tels exemples. Car il semble que, comme les orages et tempestes se piquent contre l'orgueil et hautaineté de nos bastimens, il y ait aussi là haut des esprits envieux des grandeurs de ça bas,

> *Usque adeo res humanas vis abdita quædam*
> *Obterit, et pulchros fasces sævásque secures*
> *Proculcare, ac ludibrio sibi habere videtur*[8].

1. Ce que cela voulait dire.
2. Pour ce motif.
3. Allusion à Philippe, fils de Persée.
4. Maîtres d'école, il s'agit de Denis le Jeune.
5. Général.
6. Marie Stuart (décapitée le 18 février 1587).
7. L'édition de 1595 ajoute : « indigne et barbare cruauté ».
8. « Tant il est vrai qu'une force cachée renverse les puissances humaines, et semble fouler aux pieds l'orgueil des faisceaux et des haches impitoyables, et s'en faire un objet de dérision. » (Il s'agit des insignes de la dignité consulaire.) (Lucr., V, 1233.)

Et semble que la fortune quelquefois guette à point nommé le dernier jour de nostre vie, pour montrer sa puissance de renverser en un moment ce qu'elle avoit basty en longues années ; et nous fait crier apres Laberius : « *Nimirum hac die una plus vixi, mihi quam vivendum fuit*[1]. »

Ainsi se peut prendre avec raison ce bon advis de Solon. Mais d'autant que c'est un philosophe, à l'endroit desquels les faveurs et disgraces de la fortune ne tiennent rang ny d'heur, ny de mal'heur ; et sont les grandeurs, et puissances, accidens de qualité à peu pres indifferente : je trouve vray-semblable qu'il aye regardé plus avant, et voulu dire que ce mesme bon-heur de nostre vie, qui dépend de la tranquillité et contentement d'un esprit bien né, et de la resolution et asseurance d'un'ame reglée, ne se doive jamais attribuer à l'homme, qu'on ne luy aye veu joüer le dernier acte de sa comédie, et sans doute le plus difficile. En tout le reste il y peut avoir du masque : ou ces beaux discours de la Philosophie ne sont en nous que par contenance ; ou les accidens, ne nous essayant[2] pas jusques au vif, nous donnent loysir de maintenir tousjours nostre visage rassis[3]. Mais à ce dernier rolle de la mort et de nous, il n'y a plus que faindre, il faut parler François, il faut montrer ce qu'il y a de bon et de net dans le fond du pot,

> *Nam veræ voces tum demum pectore ab imo*
> *Ejiciuntur, et eripitur persona, manet res*[4].

Voylà pourquoy se doivent à ce dernier traict toucher[5] et esprouver toutes les autres actions de nostre vie. C'est le maistre jour, c'est le jour juge de tous les autres : c'est le jour, dict un ancien[6], qui doit juger de toutes mes années passées. Je remets à la mort l'essay du fruict de mes estudes. Nous verrons là si mes discours me partent de la bouche, ou du cœur.

[B] J'ay veu plusieurs donner par leur mort reputation en bien ou en mal à toute leur vie. Scipion, beau pere de Pompeius, rabilla en bien mourant la mauvaise opinion qu'on

---

1. « Certes, j'ai trop vécu d'un jour. » (Macrobe, *Saturnales,* II, VII.)
2. Éprouvant.
3. Calme.
4. « Alors seulement des paroles sincères nous sortent du fond du cœur, le masque tombe, la réalité reste. » (Luc., III, 57.)
5. Essayer à la pierre de touche.
6. Sénèque.

avoit eu de luy jusques lors. Epaminondas, interrogé lequel des trois il estimoit le plus, ou Chabrias, ou Iphicrates, ou soy-mesme : Il nous faut voir mourir, fit-il, avant que d'en pouvoir resoudre[1]. De vray, on desroberoit beaucoup à celuy là, qui le poiseroit[2] sans l'honneur et grandeur de sa fin. Dieu l'a voulu comme il luy a pleu : mais en mon temps trois les plus execrables personnes que je cogneusse en toute abomination de vie, et les plus infames, ont eu des mors reglées et en toutes circonstances composées jusques à la perfection.

Il est des morts braves et fortunées[3]. Je luy ay veu trancher le fil d'un progrez de merveilleux avancement, et dans la fleur de son croist[4], à quelqu'un, dine fin si pompeuse[5], qu'à mon avis ses ambitieus et courageux desseins n'avoient rien de si hault que fut leur interruption. Il arriva sans y aller où il pretendoit : plus grandement et glorieusement que ne portoit son desir et esperance. Et devança par sa cheute le pouvoir et le nom[6] où il aspiroit par sa course.

Au Jugement de la vie d'autruy, je regarde tousjours comment s'en est porté le bout ; et des principaux estudes de la mienne, c'est qu'il se porte bien, c'est à dire quietement[7] et sourdement[8].

## CHAPITRE XX

### QUE PHILOSOPHER C'EST APPRENDRE À MOURIR

[...]

[A] Changeray-je pas pour vous cette belle contexture des choses ? C'est la condition de vostre creation, c'est une partie de vous que la mort : vous vous fuyez vous mesmes. Cettuy vostre estre, que vous joüyssez, est egalement party[9] à la mort et à la vie. Le premier jour de vostre naissance vous achemine à mourir comme à vivre,

1. Décider.
2. Si on pesait sa conduite, si on le jugeait.
3. Heureuses.
4. Croissance.
5. Belle.
6. L'autorité et la réputation.
7. Doucement, avec calme.
8. Dans les éditions antérieures on lit : « Seurement. »
9. Partagé, il a part à.

*Prima, quœ vitam dedit, hora, carpsit*[1]
*Nascentes, morimur, finisque ab origine pendet*[2].

[C] Tout ce que vous vivez, vous le desrobez à la vie ; c'est à ses despens. Le continuel ouvrage de vostre vie c'est bastir la mort. Vous estes en la mort pendant que vous estes en vie. Car vous estes apres la mort quand vous n'estes plus en vie.

Ou si vous aymez mieux ainsi, vous estes mort apres la vie ; mais pendant la vie vous estes mourant, et la mort touche bien plus rudement le mourant que le mort, et plus vivement et essentiellement.

[B] Si vous avez faict vostre proufit de la vie, vous en estes repeu, allez vous en satisfaict,

*Cur non ut plenus vitœ conviva recedis*[3] ?

Si vous n'en avez sçeu user, si elle vous estoit inutile, que vous chault-il[4] de l'avoir perduë, à quoy faire[5] la voulez-vous encores ?

*Cur amplius addere quœris*
*Rursum quod pereat male, et ingratum occidat omne*[6] ?

[C] La vie n'est de soy ny bien ny mal : c'est la place du bien et du mal selon que vous la leur faictes.

[A] Et si vous avez vescu un jour, vous avez tout veu. Un jour est égal à tous jours. Il n'y a point d'autre lumière, ny d'autre nuict. Ce Soleil, cette Lune, ces Estoilles, cette disposition c'est celle mesme que vos ayeuls ont jouye, et qui entretiendra[7] vos arriere-nepveux :

[C] *Non alium videre patres : aliumve nepotes*
*Aspicient*[8].

1. « Notre première heure, en nous donnant la vie, l'a déjà entamée. » (Sén., *Hercule furieux*, III, chœur, 874.)
2. « Dès notre naissance nous mourons et la fin de notre vie est la conséquence de son origine. » (Manilius, *Astron.*, IV, 16.)
3. « Pourquoi ne pas sortir de la vie en convive rassasié ? » (Lucr., III, 938.)
4. Que vous importe ?
5. A quoi bon.
6. « Pourquoi vouloir multiplier des jours que vous laisseriez de même perdre misérablement et qui disparaîtraient entièrement sans profit ? » (Lucr., II, 941.)
7. Distraira.
8. « Vos pères n'en ont pas vu d'autre, et vos neveux n'en contempleront pas d'autre. » (Manilius, I, 522.)

[A] Et, au pis aller, la distribution et varieté de tous les actes de ma comedie se parfournit [1] en un an. Si vous avez pris garde au branle de mes quatre saisons, elles embrassent l'enfance, l'adolescence, la virilité et la vieillesse du monde. Il a joüé son jeu. Il n'y sçait autre finesse que de recomencer. Ce sera toujours cela mesme.

[B] *versamur ibidem, atque insumus usque* [2], *Atque in se sua per vestigia volvitur annus* [3].

[A] Je ne suis pas deliberée [4] de vous forger autres nouveaux passe-temps,

*Nam tibi præterea quod machiner, inveniámque*
*Quod placeat, nihil est, eadem sunt omnia semper* [5].

Faites place aux autres, comme d'autres vous l'ont faite.

[C] L'equalité est la premiere piece de l'equité. Qui se peut plaindre d'estre comprins, où tous sont comprins ? [A] Aussi avez-vous beau vivre, vous n'en rebattrez rien du temps que vous avez à estre mort : c'est pour neant : aussi long temps serez vous en cet estat là, que vous craignez, comme si vous estiez mort en nourrisse,

*licet, quod vis, vivendo vincere secla,*
*Mors æterna tamen nihilominus illa manebit* [6].

[B] Et si vous metteray en tel point [7], auquel nous n'aurez aucun mescontentement,

*In vera nescis nullum fore morte alium te,*
*Qui possit vivus tibi te lugere peremptum,*
*Stánsque jacentem* [8].

1. S'achève.
2. « Nous tournons dans le même cercle, nous n'en sortons jamais. » (Lucr., III, 1080.)
3. « L'année route sur elle-même et recommence sans cesse sa route. » (Virgile, *Georg.*, II, 402.)
4. Je n'ai pas l'intention.
5. « Car pour de nouveaux plaisirs à imaginer et à forger pour toi, je n'en ai pas ; ce sont toujours les mêmes. » (Lucr., III, 944.)
6. « Vous auriez beau triompher des siècles en vivant autant que vous voulez, la mort n'en restera pas moins éternelle. » (*Idem*, III, 1090.)
7. État.
8. « Ignorez-vous que la mort ne laissera pas survivre un autre vous-même qui, vivant, puisse vous pleurer mort, et, debout, gémir sur votre cadavre ? » (Lucr., III, 885.)

Ny ne desirerez la vie que vous plaingnez[1] tant,

> *Nec sibi enim quisquam tum se vitámque requirit,*
> *Nec desiderium nostri nos afficit ullum*[2].

La mort est moins à craindre que rien, s'il y avoit quelque chose de moins,

> *multo mortem minus ad nos esse putandum*
> *Si minus esse potest quam quod nihil esse videmus*[3].

[C] Elle ne vous concerne ny mort ny vif : vif, parce que vous estes : mort, par ce que vous n'estes plus.

[A] Nul ne meurt avant son heure. Ce que vous laissez de temps n'estoit non plus vostre que celuy qui s'est passé avant vostre naissance : [B] et ne vous touche non plus,

> *Respice enim quam nil ad nos ante acta vetustas*
> *Temporis æterni fuerit*[4].

[A] Où que vostre vie finisse, elle y est toute. [C] L'utilité du vivre n'est pas en l'espace, elle est en l'usage : tel a vescu long temps, qui a peu vescu : attendez vous y[5] pendant que vous y estes. Il gist en[6] vostre volonté, non au nombre des ans, que vous ayez assez vescu. [A] Pensiez vous jamais n'arriver là, où vous alliez sans cesse ? [C] encore n'y a il chemin qui n'aye son issuë. [A] Et si la compagnie vous peut soulager : le monde ne va-il pas mesme train que vous allez ?

[B] *omnia te vita perfuncta sequentur*[7].

[A] Tout ne branle-il pas vostre branle ? Y a-il chose qui ne vieillisse quant et vous ? Mille hommes, mille animaux et mille autres creatures meurent en ce mesme instant que vous mourez :

---

1. Regrettez.
2. « Alors, en effet, personne ne s'inquiète ni de la vie ni de soi-même ; il ne nous reste aucun regret de nous-mêmes. » (Lucr., III, 919, 922.)
3. Vers que Montaigne vient de traduire. (Lucr., III, 926.)
4. « Considérez en effet comme l'éternité du temps passé n'est rien pour nous. » (*Id.*, III, 972.)
5. Donnez-y votre attention.
6. Il dépend de.
7. « Toutes choses vous suivront dans la mort. » (*Id.*, III 968.)

[B] *Nam nox nulla diem, neque noctem aurora sequuta est,*
*Quæ non audierit mistos vagitibus ægris*
*Ploratus, mortis comites et funeris atri*[1].

[C] A quoy faire y reculez-vous, si vous ne pouvez tirer
arriere. Vous en avez assez veu, qui se sont bien trouvez de
mourir, eschevant[2] par là des grandes miseres. Mais quelqu'un
qui s'en soit mal trouvé, en avez-vous veu? Si est-ce grande
simplesse de condamner chose que vous n'avez esprouvée ny
par vous, ny par autre. Pourquoy te pleins-tu de moy et de la
destinée? te faisons-nous tort? Est ce à toy de nous gouverner, ou nous à toy[3]? Encore que ton aage ne soit pas achevé,
ta vie l'est. Un petit homme est homme entier, comme un
grand.

Ny les hommes, ny leurs vies ne se mesurent à l'aune.
Chiron refusa l'immortalité, informé des conditions d'icelle
par le Dieu mesme du temps et de la durée, Saturne, son pere.
Imaginez de vray combien seroit une vie perdurable[4], moins
supportable à l'homme et plus pénible, que n'est la vie que je
luy ay donnée. Si vous n'aviez la mort, vous me maudiriez sans
cesse de vous en avoir privé. J'y ay à escient[5] meslé quelque
peu d'amertume pour vous empescher, voyant la commodité[6]
de son usage, de l'embrasser trop avidement et indiscrete-
ment[7]. Pour vous loger en cette moderation, ny de fuir la vie,
ny de refuir à la mort, que je demande de vous, j'ay temperé
l'une et l'autre entre la douceur et l'aigreur.

J'apprins à Thales, le premier de vos sages, que le vivre et le
mourir estoit indifferent; par où[8], à celuy qui luy demanda
pourquoy donc il ne mouroit, il respondit tressagement : Par
ce qu'il[9] est indifferent.

L'eau, la terre, l'air, le feu et autres membres de ce mien
bastiment ne sont non plus instrumens de ta vie qu'instrumens
de ta mort. Pourquoy crains-tu ton dernier jour? Il ne

1. « Car jamais la nuit n'a succédé au jour, ni l'aurore à la nuit, sans
entendre, mêlés aux vagissements de l'enfant, les cris de douleur qui
accompagnent la mort et les noires funérailles. » (Lucr., II, 578.)
2. Esquivant, évitant.
3. Ou à nous toi, à nous de te gouverner.
4. Éternelle.
5. Exprès.
6. L'avantage.
7. Sans discernement.
8. D'où, c'est pourquoi.
9. Cela.

confere [1] non plus à ta mort que chascun des autres. Le dernier pas ne faict pas la lassitude : il la declare [2]. Tous les jours vont à la mort, le dernier y arrive.

[A] Voilà les bons advertissemens de nostre mere nature. Or j'ay pensé souvent d'où [3] venoit celà, qu'aux guerres le visage de la mort, soit que nous la voyons en nous ou en autruy, nous semble sans comparaison moins effroyable qu'en nos maisons, autrement ce seroit un'armée de medecins et de pleurars ; et, elle estant tousjours une [4], qu'il [5] y ait toutesfois beaucoup plus d'asseurance [6] parmy les gens de village et de basse condition qu'és autres. Je croy à la verité que ce sont ces mines et appareils effroyables, dequoy nous l'entournons [7], qui nous font plus de peur qu'elle : une toute nouvelle forme de vivre, les cris des meres, des femmes et des enfants, la visitation de personnes estonnées [8] et transies, l'assistance d'un nombre de valets pasles et éplorés, une chambre sans jour, des cierges allumez, nostre chevet assiegé de medecins et de prescheurs ; somme, tout horreur et tout effroy autour de nous. Nous voylà des-jà ensevelis et enterrez. Les enfans ont peur de leurs amis mesmes quand ils les voyent masquez, aussi avons-nous [9]. Il faut oster le masque aussi bien des choses, que des personnes : osté qu'il sera, nous ne trouverons au dessoubs que cette mesme mort, qu'un valet ou simple chambriere passerent dernierement sans peur. Heureuse la mort qui oste le loisir aux apprests de tel equipage.

# CHAPITRE XXI

## COUSTUME DE L'ISLE DE CEA [10]

[A] Si philosopher c'est douter, comme ils disent [11], à plus forte raison niaiser et fantastiquer, comme je fais, doit estre

1. Contribue.
2. Manifeste.
3. A cette question : d'où venait cela.
4. La mort étant toujours la même.
5. D'où venait cela qu'il.
6. Fermeté.
7. Entournons.
8. Comme frappées de la foudre.
9. Nous avons peur aussi (des masques).
10. Céos des Anciens ; aujourd'hui Zéa, île de la mer Égée, tout près de l'Attique.
11. Comme on dit.

doubter. Car c'est aux apprentifs à enquerir et à debatre, et au cathedrant de resoudre. Mon cathedrant, c'est l'authorité de la volonté divine, qui nous reigle sans contredit et qui a son rang au dessus de ces humaines et vaines contestations.

Philippus estant entré à main armée au Peloponese, quelcun disoit à Damidas que les Lacedemoniens auroient beaucoup à souffrir, s'ils ne se remettoient en sa grace : Et, poltron, respondit-il, que peuvent souffrir ceux qui ne craignent point la mort ? On demandoit aussi à Agis comment un homme pourroit vivre libre : Mesprisant, dict-il, la mourir. Ces propositions et mille pareilles qui se rencontrent à ce propos. sonnent evidemment quelque chose au delà d'attendre[1] patiemment la mort quand elle nous vient. Car il y a en la vie plusieurs accidens pires à souffrir que la mort mesme. Tesmoing cet enfant Lacedemonien pris par Antigonus et vendu pour serf, lequel, pressé par son maistre de s'employer à quelque service abject : Tu verras, dit-il, qui tu as acheté ; ce me seroit honte de servir, ayant la liberté si à main ; et ce disant se precipita du haut de la maison. Antipater menassant asprement les Lacedemoniens pour les ranger[2] à certaine sienne demande : Si tu nous menasses de pis que la mort, respondirent-ils, nous mourrons plus volontiers. [C] Et à Philippus leur ayant escrit qu'il empescheroit toutes leurs entreprinses : Quoy! nous empescheras-tu aussi de mourir ? [A] C'est ce qu'on dit, que le sage vit tant qu'il doit, non pas tant qu'il peut ; et que le present que nature nous ait fait le plus favorable, et qui nous oste tout moyen de nous pleindre de nostre condition, c'est de nous avoir laissé la clef des champs. Elle n'a ordonné qu'une entrée à la vie, et cent mille yssuës. [B] Nous pouvons avoir faute de terre pour y vivre, mais de terre pour y mourir nous n'en pouvons avoir faute, comme respondit Boiocatus aux Romains. [A] Pourquoy te plains tu de ce monde ? il ne te tient pas : si tu vis en peine, ta lâcheté en est cause ; à mourir il ne reste que[3] le vouloir :

> Ubique mors est : optime hoc cavit Deus,
> Eripere vitam nemo non homini potest ;
> At nemo mortem : mille ad hanc aditus patent[4].

---

1. De plus qu'attendre.
2. Contraindre d'acquiescer.
3. Il ne manque que ; il ne dépend que de.
4. « La mort est partout, c'est une faveur insigne de la divinité. Tout le monde peut enlever la vie à l'homme, mais personne ne peut

Et ce n'est pas la recepte à [1] une seule maladie : la mort est la recepte à tous maux. C'est un port tres-asseuré, qui n'est jamais à craindre, et souvent à rechercher. Tout revient à un, que l'homme se donne sa fin, ou qu'il la souffre ; qu'il coure au devant de son jour, ou qu'il l'attende : d'où qu'il vienne, c'est tousjours le sien ; en quelque lieu que le filet [2] se rompe, il y est tout, c'est le bout de la fusée [3]. La plus volontaire mort, c'est la plus belle. La vie despend de la volonté d'autruy ; la mort, de la nostre. En aucune chose nous ne devons tant nous accommoder à nos humeurs, qu'en celle-là. La reputation ne touche pas [4] une telle entreprise, c'est folie d'en avoir respect [5]. Le vivre, c'est servir [6], si la liberté de mourir en est à dire [7]. Le commun train [8] de la guerison se conduit aux despens de la vie : on nous incise, on nous cauterise, on nous detranche les membres, on nous soustrait l'aliment et le sang ; un pas plus outre, nous voilà gueris tout à fait. Pourquoy n'est la vaine du gosier autant à nostre commandement que la mediane [9] ? Aux plus fortes maladies les plus forts remedes. Servius le Grammairien, ayant la goutte, n'y trouva meilleur conseil [10] que de s'appliquer du poison et de tuer ses jambes. [C] Qu'elles fussent podagriques [11] à leur poste [12], pourveu que ce fût sans sentiment [13] ! [A] Dieu nous donne assez de congé [14], quand il nous met en tel estat que le vivre nous est pire que le mourir.

[C] C'est foiblesse de ceder aux maux, mais c'est folie de les nourrir [15].

---

lui enlever la mort ; mille chemins vers elle nous sont ouverts. » (Sénèque, *Thébaïde*, I, I, 151.)

1. Pour.
2. Fil.
3. Quantité de fil enroulée autour du fuseau.
4. N'a rien à voir avec.
5. D'y avoir égard.
6. Être esclave.
7. Y fait défaut.
8. La manière ordinaire.
9. La veine médiane du pli du coude qui sert pour les saignées : pourquoi n'avons-nous pas les mêmes droits sur la veine du gosier que sur celle-là ?
10. Décision.
11. Goutteuses.
12. A leur guise.
13. Sans qu'elles le sentent.
14. Permission (de nous tuer).
15. Entretenir.

Les Stoiciens disent que c'est vivre convenablement[1] à nature, pour le sage, de se departir de la vie, encore qu'il soit en plein heur[2], s'il le faict opportuneement[3] ; et au fol de maintenir sa vie, encore qu'il soit miserable[4], pour veu qu'il soit, en la plus grande part des choses qu'ils disent estre selon Nature[5].

1. D'une manière qui convient à, qui est conforme à.
2. Bonheur.
3. Quand (selon leur doctrine) il convient, c'est-à-dire quand sa vie n'est pas conforme à la nature.
4. Malheureux.
5. Pourvu que la plupart des éléments de leur vie soient d'après eux (les stoïciens) conformes à la nature.

# SAINT-ÉVREMOND

*Saint-Évremond (1613-1703) se fit d'abord connaître dans les salons parisiens par ses lettres et ses petits traités d'esprit libertin. Dès le début du règne personnel de Louis XIV (1660), il tomba en disgrâce du fait de ses idées et fut contraint de s'exiler. Il s'établit à Londres, d'où il envoya à Paris de nombreuses lettres, des traités et des essais littéraires (Sur la tragédie, Sur le goût, Sur les poèmes des Anciens, Sur la morale d'Épicure...). Parmi ces ouvrages figure le Jugement sur Sénèque, Plutarque et Pétrone, où l'auteur n'hésite pas à faire preuve d'une grande sévérité à l'égard du philosophe latin, alors que les deux autres écrivains bénéficient de sa sympathie. Ce texte est reproduit ici dans sa version originale de 1664, conservée à la Bibliothèque nationale.*

Je commencerai par Sénèque, et vous dirai avec la dernière impudence que j'estime beaucoup plus la personne que son ouvrage. J'estime le précepteur de Néron, l'amant d'Agrippine, un ambitieux qui prétendait à l'empire ; du philosophe et de l'écrivain, je n'en fais pas grand cas, et ne suis touché ni de son style, ni de ses sentiments. Sa latinité n'a rien de celle du temps d'Auguste, rien de facile, rien de naturel ; toutes pointes, toutes imaginations, qui sentent plus la chaleur d'Afrique ou d'Espagne, que la lumière de la Grèce ou d'Italie. Vous y voyez des choses coupées qui ont l'air et le tour des sentences, mais qui n'en ont ni la solidité ni le bon sens : qui piquent et poussent l'esprit, sans gagner le jugement. Son discours toujours forcé me communique une espèce de crainte ; et l'âme, au lieu d'y trouver sa satisfaction et son repos, y rencontre du chagrin et de la gêne.

Néron, qui pour être un des plus méchants princes du monde, ne laissait pas d'être fort spirituel, avait auprès de lui des espèces de petits-maîtres très délicats qui traitaient Sénèque de pédant et le tournaient en ridicule. Je ne suis pas de l'opinion de Berville, qui pensait que le faux Eumolpus de Pétrone fût le véritable Sénèque. Si Pétrone eût voulu lui donner un caractère ingénieux, c'eût été plutôt sous la forme d'un pédant philosophe, que d'un poète impertinent. D'ailleurs, il est comme impossible d'y trouver aucun rapport. Sénèque était le plus riche homme de l'Empire, et louait toujours la pauvreté. Eumolpus, un poète fort mal dans ses affaires et au désespoir de sa condition ; il se plaignait de l'ingratitude du siècle, et trouvait pour toute consolation, que « bonae mentis soror est paupertas [1] ». Si Sénèque avait des vices, il les cachait avec soin, et sous l'apparence de la sagesse : Eumolpe faisait vanité des siens et traitait ses plaisirs avec beaucoup de liberté.

Je ne vois donc pas sur quoi Berville pouvait appuyer sa conjoncture. Mais je suis trompé, si tout ce que dit Pétrone du style de son temps, de la corruption de l'éloquence et de la poésie, si « controversiae sententiolis vibrantibus pictae [2] », qui le choquaient si fort, si « vanus sententiarum strepitus [3] » dont il était étourdi ne regardait pas Sénèque, si le « per ambages et deorum ministeria etc. [4] » ne s'adressait à la *Pharsale* de Lucain ; si les louanges qu'il donne à Cicéron, à Virgile, à Horace, n'allaient pas au mépris de l'oncle et du neveu [5]. Quoi qu'il en soit, pour revenir à ce qui me semble de ce philosophe, je ne lis jamais ses écrits sans m'éloigner des sentiments qu'il veut inspirer à ses lecteurs : s'il tâche de persuader la pauvreté, je meurs d'ennui de ses richesses. Sa vertu me fait peur ; et le moins vicieux s'abandonnerait aux voluptés par la peinture qu'il en fait. Enfin il parle tant de la mort et me laisse des idées si noires, que je fais ce qu'il m'est possible pour ne profiter pas de sa lecture. Ce que je trouve de plus beau dans ses ouvrages sont les exemples et les citations qu'il y mêle. Comme il vivait dans une cour délicate et qu'il savait mille belles choses de tous les temps, il en allègue de fort

---

1. « La pauvreté est sœur du talent. » (*Sat.* LXXXIV.)
2. « Une controverse émaillée de menus traits scintillants. » (*Sat.* CXVIII.)
3. « Le vain cliquetis des sentences. » (*Ibidem.*)
4. « A travers des détours et des interventions divines. » (*Ibidem.*)
5. Lucain était le neveu de Sénèque.

agréables, tantôt des Grecs, tantôt de César, d'Auguste, de Mécène. Car après tout il avait de l'esprit et de la connaissance infiniment : mais son style n'a rien qui me touche, ses opinions ont trop de dureté ; et il est ridicule qu'un homme qui vivait dans l'abondance, et se conservait avec tant de soin, ne prêchât que la pauvreté et la mort.

# DIDEROT

## ESSAI SUR LES RÈGNES
## DE CLAUDE ET DE NÉRON

*Diderot (1713-1784)*

*L'Essai sur les règnes de Claude et de Néron est la reprise et
le développement de l'Essai sur la vie de Sénèque, qui concluait
une édition des œuvres complètes du philosophe romain. Il
parut en 1779.*

*Après une première partie consacrée aux règnes des deux
empereurs ainsi qu'à la vie de Sénèque, Diderot analyse les
œuvres de celui-ci, en commençant par les Lettres à Lucilius,
dont il offre un examen minutieux, lettre par lettre, s'arrêtant
plus longuement sur certaines d'entre elles, et se livrant parfois à
un développement plus nourri à propos d'un thème récurrent.*

*Pour Diderot, Sénèque incarna à la fois le Sage exemplaire
(sa mort est digne de celle de Socrate) et le philosophe engagé
dans son siècle, ministre du prince-monstre au péril de sa vie
même. En fait, l'auteur du De Clementia accomplit le projet
que le philosophe des Lumières s'était proposé de mener à bien
auprès de Catherine de Russie. Ainsi Diderot se reconnaît-il, se
transforme-t-il, en Sénèque...*

**121.** Si je m'arrête ici, ce n'est pas que cette première
partie de ma tâche ne pût être plus étendue. Passons à la
seconde.

Pline l'Ancien, que nous avons déjà cité, a dit de Sénèque, qu'il ne s'en était point laissé imposer par la vanité des choses de la vie : *Seneca minime mirator inanium.*

Tertullien et d'anciens Pères de l'Église, touchés de l'éclatante piété de Sénèque, se l'ont associé en l'appelant *nôtre* : *Tam clarae pietatis, ut Tertullianus et prisci appellant nostrum.*

Quelques conciles ne dédaignèrent pas de s'appuyer de son autorité.

Le savant et pieux évêque de Freisingen, Othon, regarde Sénèque moins comme un philosophe païen que comme un chrétien : *Lucien Senecam non tam philosophum quam christianum.*

Au sentiment d'Érasme, si vous le lisez comme un auteur païen, vous le trouverez chrétien : *Si legas illum ut paganum, scripsit christiane.*

Il a dans l'école de Zénon le rang de Paul dans l'Église de Jésus-Christ : *Ejus esse loci apud suos, cujus sit Paulus apud christianos.*

« Aucuns, Dion entre autres, l'ont accusé d'avarice, d'ambition, d'adultère et d'autres tels vices, à qui je ne dédaignerais pas faire réponse, puisque tant de doctes, anciens et modernes, et la vie et la mort de Sénèque disent le contraire ; et serait bien aisé à qui voudrait tailler à Dion une robe de son drap, de trouver en lui beaucoup de choses impertinentes et malséantes au nom dont il fait profession ; mais il vaut mieux réfuter les calomnies évidentes par le silence que par longs discours… » Et ce témoignage n'est pas de l'auteur des *Essais*.

Nos autres aristarques n'en savent pas plus que celui qui a écrit ce qui suit : « Il est impossible de lire les ouvrages de Sénèque sans se sentir plus indépendant du sort, plus courageux, plus affermi contre la douleur et la mort, plus attaché à ses devoirs, plus éclairé sur ses besoins réels, enfin meilleur sous tous les rapports, et surtout plus sensible aux charmes de la vertu. »

Un de nos anciens écrivains avait pensé de Sénèque comme le moderne estimable que nous venons de citer. « Pour se résoudre contre les durs et fâcheux événements de la vie, acquiescer doucement à la providence, pour mépriser le moment et aspirer à l'immortalité bienheureuse, pour réprimer l'insolence des passions étranges qui nous emportent souvent haut et bas, et pour jouir d'un grand repos parmi tant de tempêtes et naufrages, je ne sache, entre les païens, historien, philosophe, orateur, ni auteur quelconque que je voulusse préférer à Sénèque. Il y en a peu qui lui soient comparables, et la plupart le suivent de fort loin. »

Le Portique, l'Académie et le Lycée de la Grèce n'ont rien produit de comparable à Sénèque pour la philosophie morale. Et de qui imaginera-t-on que soit cet éloge ? Il est de Plutarque.

Quintilien, dont j'examinerai les opinions ailleurs, dit de Sénèque, qui n'était ni son ami, ni son auteur favori, qu'il fut versé dans tous les genres d'éloquence : *In omni genere eloquentiae versatum.*

Qu'il eut un génie abondant et facile : *Ingenium facile et copiosum.*

Un grand fonds d'étude et de connaissances : *Plurimum studii.*

Qu'il est un redoutable fléau du vice : *Eximius vitiorum insectator.*

Qu'il y a beaucoup à louer, beaucoup même à admirer dans ses ouvrages : *Multa probanda, multa etiam admiranda.*

Que dans les bons ouvrages de cet âge, avec la force d'Afer, et la sagesse d'Afranius, on retrouve encore l'abondance de Sénèque : *In his quos ipsi videmus, copiam Senecae, vires Afrani, maturitatem Afri reperimus.*

Tout le bien que nos aristarques disent de Quintilien, je le pense comme eux ; mais pensent-ils comme moi tout le bien que Quintilien dit de Sénèque ?

Ils citent Quintilien contre Sénèque, et voilà ce que ce Quintilien, dont ils font tant de cas, dit de Sénèque, pour lequel ils affectent tant de mépris.

Érasme a dit : « Peu s'en faut que je ne m'écrie : *Sancte Socrates* » ; j'ai dit : « Peu s'en faut que je ne m'écrie : *Sancte Seneca* » ; et je ne sache pas qu'on ait accusé l'érudit de Rotterdam d'indiscrétion, et moins encore d'impiété. Si un prélat l'avait rangé parmi les disciples de Jésus-Christ, il aurait plus osé que moi sans qu'on se fût avisé de lui reprocher qu'il opposait un philosophe païen aux héros du christianisme. Pourquoi tant d'indulgence pour Othon et pour Érasme ? C'est qu'il n'y a plus de mal à leur faire : ils sont morts.

**122.** Après avoir considéré Sénèque comme instituteur et ministre, un de nos meilleurs aristarques le considérant comme philosophe et comme auteur, dit : « N'y a-t-il donc que le goût à former dans cette foule de jeunes citoyens ? N'en veut-on faire que de beaux diseurs ? Est-il plus essentiel pour eux de bien parler que de bien faire ? Pourquoi donc arracher de leurs mains les ouvrages de Sénèque ? »

Un des plus grands vices, à mon avis, de notre éducation, soit publique, soit domestique, c'est de nous inspirer un si violent amour de la vie, de si grandes frayeurs de la mort, qu'on ne voit plus que des esclaves troublés au moindre choc qui menace leur chaîne. Or je désirerais qu'on nous indiquât un auteur, ancien ou moderne, qui se fût élevé avec autant de force contre une pusillanimité qui rend notre condition pire que celle des animaux, et qui nous soumet si bassement à toutes sortes de tyrannies, ou, pour me servir de l'expression énergique d'un commentateur d'Épictète, Arrien, qui ait frappé des coups plus violents sur les deux anses par lesquelles l'homme robuste et le prêtre saisissent le faible pour le conduire à leur gré.

J'ai ajouté que, bien qu'il fût triste de sortir des écoles au bout d'un assez grand nombre d'années précieuses sans avoir appris les langues anciennes, presque les seules choses qu'on y enseigne, du moins jusque sur le seuil de la philosophie, cette éducation, telle qu'elle était, me semblait une utile ressource pour des parents à qui leur occupation journalière, ou leur insuffisance ne laissait pas le temps ou la capacité d'élever eux-mêmes leurs enfants, ou à qui la médiocrité de fortune ne permettait pas de les faire élever sous leurs yeux ; que la journée collégiale serait mieux distribuée en deux portions, dont l'une serait employée à nous rendre moins ignorants, et l'autre à nous rendre moins vicieux ; qu'un choix de préceptes moraux tirés de Sénèque, et mis en ordre par un habile professeur, fournirait d'excellentes leçons de sagesse à de jeunes élèves qui jusqu'à présent en avaient été privés par un injuste dédain [1].

---

1. M. Marmontel s'est étendu avec élégance et avec force sur cette dernière pensée, et ses judicieuses réflexions ont été traitées, par un aristarque poli, de décisions pédantesques avec attestations de pédants ; puis revenant sur moi, on a supposé sans doute que je traiterais Rollin de pédant collégial.

J'ai toujours respecté et je respecte dans Rollin l'homme savant, l'homme utile, l'homme plein de vertus, de lumières et de goût ; mais je préfère les *Institutions oratoires* de Quintilien à son *Traité des études ;* et sans dédaigner l'auteur de l'*Histoire ancienne,* je ne le placerai pas sur la ligne de Thucydide, de Xénophon, d'Hérodote, de Tite-Live, de César, de Salluste, de Tacite, et si je ne craignais la violence des anti-philosophes, j'ajouterais qu'il est à une grande

**123.** L'un dira : « La morale de Sénèque est toujours présentée sous les fleurs d'une diction précieuse et recherchée. Ce philosophe m'a paru tantôt sublime et tantôt ridicule ; aussi faible dans sa conduite que fastueux dans le discours ; un courtisan que ses intrigues et ses livres rendent suspect ; en un mot, il a plus d'une fois surpris mon admiration, comme il a pareillement surpris mon mépris. »

Mais un autre répliquera : « Le charme attaché à la lecture des écrits de Sénèque n'est pas un amusement frivole, ni l'histoire de sa vie un vain attrait de curiosité. Profond penseur, moraliste pur et sublime, ce grand caractère frappe, intéresse, attache : son langage est celui de la raison la plus ferme, et de la sagesse la plus austère ; son esprit paraît emprunter sa force et sa vigueur d'une âme élevée et courageuse ; l'énergie de ses pensées n'est que celle de ses sentiments : la vertu la plus mâle fait tout son génie. »

Mais on lira dans un troisième : « Les ouvrages de Sénèque impriment dans le cœur un profond amour de la vertu. On sent l'âme s'élever, et l'homme s'ennoblir en se pénétrant des maximes du sage. Comme l'historien de sa vie, je ne les lis jamais sans m'apercevoir que je ne les ai pas encore assez lues.

« Les reproches dont on flétrit Sénèque, lui ont été faits par des hommes pervers, tels que l'infâme délateur Suilius, tandis qu'il a pour lui le suffrage du vertueux Tacite, dont on peut opposer avec avantage l'estime seule à tous les ennemis du philosophe.

« Je ne lis pas souvent Sénèque, je lui préfère d'autres auteurs où il y a peut-être moins de beautés ; mais quand je le lis, je vois qu'il a parlé de la vertu en homme qui en connaissait la dignité et en éprouvait la douceur. »

---

distance de Voltaire, de Hume, de Robertson, et que sans les suffrages d'une secte nombreuse et puissante, ses estimables ouvrages, réduits à leur juste valeur, n'auraient eu qu'un succès ordinaire, le succès qu'ils ont aujourd'hui, et qui pourra diminuer à mesure que l'esprit du siècle fera des progrès.

Après ce mépris de Rollin qui m'est si gratuitement imputé, on lit dans le journaliste une tirade d'invectives où l'on aurait peine à reconnaître un professeur d'urbanité ; mais je suis injurié dans la page avec tant d'honnêtes gens que j'aurais trop mauvaise grâce à m'offenser.

Les pédants sont dans les écoles, mais tous les pédants n'y sont pas ; et tous ceux qui y sont ne sont pas des pédants. (Diderot.)

De ces jugements divers, quel est le vrai ?

Pour accuser un grand homme, il faut des faits qui ne puissent être contredits : pour défendre un homme qui a vécu, écrit, pensé, et qui est mort comme Sénèque, il est honnête, il est même juste de se livrer à toutes les conjectures qui le disculpent, surtout lorsque l'histoire le permet. Cette récompense, l'homme de bien l'obtient au tribunal des lois, s'il arrive qu'il y soit malheureusement traduit par des circonstances fâcheuses. La cause d'un citoyen vertueux et honoré s'instruit-elle comme celle d'un citoyen obscur et suspect ?

Juges, quel est celui que vous avez assis sur la sellette ? C'est Sénèque. Quel est son accusateur ? Un seul témoin récusable. Dans cette grande cause quel est le rapporteur ? Un historien sévère dont toutes les conclusions sont en sa faveur.

**124.**   Nous nous arrêtons avec intérêt devant les portraits des hommes célèbres ou fameux : nous cherchons à y démêler quelques traits caractérisques de leur héroïsme ou de leur scélératesse, et il est rare que notre imagination ne nous serve pas à souhait. Tous les bustes de Sénèque m'ont paru médiocres ; la tête de sa figure au bain est ignoble : sa véritable image, celle qui vous frappera d'admiration, qui vous inspirera le respect, et qui ajoutera à mon apologie la force qui lui manque, elle est dans ses écrits. C'est là qu'il faut aller chercher Sénèque, et qu'on le verra.

M. Carter, savant antiquaire anglais, nous apprend dans son *Voyage de Gibraltar à Malaga*, qu'il subsiste encore en Espagne des monuments élevés à la mémoire de Sénèque. Il a trouvé à Mescania, ville municipale romaine, les restes d'une inscription où le nom d'Annaeus Seneca s'est conservé, et dont il fixe la date avant la soixantième année de l'ère chrétienne et la mort de notre philosophe. Il ajoute qu'on montre à Cordoue la *casa de Seneca,* la maison de Sénèque, et au voisinage d'une des portes de la ville, *el lugar de Seneca,* la métairie de Sénèque. On s'arrête avec respect à l'entrée de la chaumière de l'instituteur, on recule d'horreur devant les ruines du palais de l'élève. La curiosité du voyageur est la même ; mais les sentiments qu'il éprouve sont bien différents : ici il voit l'image de la vertu ; dans cet endroit il erre au milieu des spectres du crime ; il plaint et bénit le philosophe, il maudit le tyran.

Il est à croire que Sénèque avait parcouru l'Égypte, où son oncle était préfet ; ce qu'il dit de cette contrée et du fleuve qui

la fertilise, semble confirmer cette conjecture. On prétend
même qu'il s'était avancé jusque sur les confins de l'Inde, et
Pline nous apprend qu'il en avait écrit.

**125.**    Sénèque a beaucoup écrit, et je n'en suis pas étonné ;
il avait tant d'amour pour le travail, et il était doué d'un génie
si facile et si fécond. « Je ne passe pas, nous dit-il, une seule
journée oisive. Je donne à l'étude une partie de la nuit, je ne
me livre pas au sommeil, j'y succombe : je sens mes yeux
appesantis, comme prêts à tomber de leurs orbites, sans cesser
de les tenir attachés sur l'ouvrage. Je me suis séparé de la
société, et j'ai renoncé à toutes les distractions de la vie. Je
m'occupe de nos neveux ; je médite quelque chose qui me
survive et qui leur soit salutaire : ce sont des espèces de
recettes contre leurs infirmités. »

C'est ainsi qu'on se fait un nom parmi ses contemporains et
chez les races futures. Quels que soient les avantages qu'on
attache au commerce des gens du monde pour un savant, un
philosophe, et même un homme de lettres, et bien que j'en
connaisse les agréments, j'oserai croire que son talent et ses
mœurs se trouveront mieux de la société de ses amis, de la
solitude, de la lecture des grands auteurs, de l'examen de son
propre cœur et du fréquent entretien avec soi, et que très
rarement il aura occasion d'entendre dans le cercle le mieux
composé quelque chose d'aussi bon que ce qu'il se dira dans la
retraite.

Milord Shaftesbury a intitulé un de ses ouvrages le *Solilo-
que, ou Avis à un auteur.* Celui qui se sera étudié lui-même,
sera bien avancé dans la connaissance des autres, s'il n'y a,
comme je le pense, ni vertu qui soit étrangère au méchant, ni
vice qui soit étranger au bon.

Si l'on excepte la *Consolation à Marcia, à Helvia* et *à
Polybe,* qu'il écrivit pendant son exil en Corse, ce qui nous est
parvenu de ses ouvrages est le fruit des heures du jour et des
nuits qu'il dérobait à ses fonctions, à la cour, et au sommeil.

**126.**    Nous avons perdu ses poèmes, ses tragédies, ses
discours oratoires, ses livres du mouvement de la terre, son
traité du mariage, celui de la superstition, ses abrégés
historiques, ses exhortations et ses dialogues. Il suffit de ce qui
nous reste pour regretter ce qui nous manque.

Les tragédies publiées sous le nom du poète Sénèque sont

un recueil de productions de différents auteurs, et il n'y a point d'autorité qui nous permette de les attribuer à Sénèque.

Je ne dis rien de son commerce épistolaire avec saint Paul, ouvrage ou d'un écolier qui s'essayait dans la langue latine, ou d'un admirateur de la doctrine et des vertus du philosophe, jaloux de l'associer aux disciples de Jésus-Christ.

**127.**   On trouve dans Sénèque un grand nombre de traits sublimes : c'est cependant un auteur de beaucoup, mais de beaucoup d'esprit, plutôt qu'un écrivain de grand goût. J'aurai de l'indulgence pour le style épistolaire ; je conviendrai que la familiarité de ce genre admet des pensées et des expressions qu'on s'interdirait dans un autre ; mais quoique pleines de belles choses, ses lettres, assez naturelles dans la traduction, ne m'en paraîtront pas moins recherchées dans l'original.

L'antiquité ne nous a point transmis de cours de morale aussi étendu que le sien[1]. Parmi quelques préceptes qui répugnent à la nature, et dont la pratique rigoureuse ajouterait peut-être à la misère de notre condition (conséquences d'une philosophie trop raide, du moins pour la généralité des hommes à qui elle demandait au-delà de ce qu'elle espérait en obtenir), il y en a sans nombre avec lesquels il est important de se familiariser, qu'il faut porter dans sa mémoire, graver dans son cœur comme autant de règles inflexibles de sa conduite, sous peine de manquer aux devoirs les plus sacrés, et d'arriver au malheur, le terme presque nécessaire de l'ignorance et de la méchanceté : il faut les tenir d'une bonne éducation, ou les devoir à Sénèque. Que ce philosophe soit donc notre manuel assidu : expliquons-le à nos enfants ; mais ne leur en permettons la lecture que dans l'âge mûr, lorsqu'un commerce habituel avec les grands auteurs, tant anciens que modernes, aura mis leur goût en sûreté. Sa manière est précise, vive, énergique, serrée, mais elle n'est pas large. Ses imitateurs ne s'élèveront jamais à la hauteur de ses beautés originales ; et il

---

1. L'éditeur de la traduction de Sénèque observe avec raison, dans une de ses notes, que « les ouvrages de ce philosophe peuvent être regardés comme le cours de morale le plus complet, le plus utile, le plus capable de rendre les hommes bons, humains, de leur inspirer l'amour de l'ordre et de la vertu, la constance dans l'adversité, le mépris de la douleur et de la vie, le courage qui fait supporter l'une et quitter l'autre sans regret, quand l'arrêt irrévocable de la nécessité l'exige. » Voyez sa note sur le traité *De la Clémence,* liv. 2, chap. 2, tome IV, p. 436. (Diderot.)

serait à craindre que les jeunes gens captivés par les défauts séduisants de ce modèle, n'en devinssent que d'insipides et ridicules copistes. C'est ainsi que je pensais de Sénèque dans un temps où il me paraissait plus essentiel de bien dire que de bien faire, d'avoir du style que des mœurs, et de me conformer aux préceptes de Quintilien qu'aux leçons de la sagesse.

On verra dans la suite de cet *Essai*, aux endroits où je me propose d'examiner les différents jugements qu'on a portés de ses ouvrages, l'influence qu'ont eue sur le mien l'expérience de la vie et la maturité d'un âge où si l'on m'eût demandé : Que faites-vous ? je n'aurais pas répondu : Je lis les *Institutions de l'art oratoire ;* mais j'aurais dit avec Horace : Je cherche ce que c'est que le vrai, l'honnête, le décent, et je suis tout entier à cette étude.

De combien de grandes et belles pensées, d'idées ingénieuses, et même bizarres, on dépouillerait quelques-uns de nos plus célèbres écrivains, si l'on restituait à Plutarque, à Sénèque, à Machiavel et à Montaigne ce qu'ils en ont pris sans les citer ! J'aime la franchise de ce dernier : « Mon livre, dit-il, est maçonné des dépouilles des deux autres. » Je permets d'emprunter, mais non de voler, moins encore d'injurier celui qu'on a volé.

## Tome II

1. [...] Voulez-vous savoir ce que c'est que la véritable amitié ? Vous l'apprendrez dans la *sixième*.

« Combien d'hommes, dit-il, ont plutôt manqué d'amitié que d'amis !... » Le contraire ne serait-il pas aussi vrai ? Et ne pourrait-on pas dire : combien d'hommes ont plutôt manqué d'amis que d'amitié !

L'amour est l'ivresse de l'homme adulte ; l'amitié est la passion de la jeunesse : c'est alors que j'étais lui, qu'il était moi. Ce n'était point un choix réfléchi ; je m'étais attaché je ne sais par quel instinct secret de la conformité. S'il eût été sage, je ne l'aurais pas aimé ; je ne l'aurais pas aimé, s'il eût été fou : il me le fallait sage ou fou de cette manière. J'éprouvais ses plaisirs, ses peines, ses goûts, ses aversions ; nous courions les mêmes hasards : s'il avait une fantaisie, j'étais surpris de ne l'avoir pas eue le premier ; dans l'attaque, dans la défense, jamais, jamais il ne nous vint en pensée d'examiner qui de nos adversaires ou de nous avait tort ou raison ; nous n'avions qu'une bourse ; je n'étais indigent que quand il était pauvre. S'il eût été tenté d'un forfait, quel parti aurais-je pris ? Je l'ignore : j'aurais été déchiré de l'horreur de son projet, si j'en avais été frappé, et de la douleur de l'abandonner seul à son mauvais sort. Qu'est devenue cette manière d'exister si une, si violente et si douce ? À peine m'en souviens-je : l'intérêt personnel l'a successivement affaiblie. Je suis vieux, et je m'avoue, non sans amertume et sans regret, qu'on a des liaisons d'habitude dans l'âge avancé, mais qu'il ne reste en nous, à côté de nous, que le vain simulacre de l'amitié. *Jam proximus ardet Ucalegon.* Cet Ucalégon du poète, c'est vous, c'est moi : on ne pense guère à la maison d'autrui, quand le feu est à la nôtre.

Ah ! les amis ! les amis ! il en est un ; ne compte fermement que sur celui-là : c'est celui dont tu as si longtemps et si souvent éprouvé la bienveillance et la perfidie ; qui t'a rendu tant de bons et de mauvais offices, qui t'a donné tant de bons et de mauvais conseils ; qui t'a tenu tant de propos flatteurs et adressé tant de vérités dures, et dont tu passes les journées à te louer et à te plaindre. Tu pourras survivre à tous les autres ; celui-ci ne t'abandonnera qu'à la mort : c'est toi ; tâche d'être ton meilleur ami.

« Le philosophe Attalus préférait un ami à faire à un ami déjà fait... » Un peintre célèbre court après un voleur et lui offre un tableau fini, pour l'ébauche que le voleur avait enlevée de dessus son chevalet. Il me déplaît qu'on en fasse autant en amitié.

J'ai vu l'amour, j'ai vu l'amitié héroïques ; le spectacle des deux amis m'a plus touché que celui des deux amants. D'un côté, c'était la raison ; de l'autre la passion qui faisait de grandes choses : l'homme et l'animal.

[...]

Dans la *neuvième*, où il en caractérise l'amitié, il prétend qu'on refait aussi aisément un ami perdu que Phidias une statue brisée. Je n'en crois rien. Quoi ! l'homme à qui je confierai mes pensées les plus secrètes ; qui me soutiendra dans les pas glissants de la vie ; qui me fortifiera par la sagesse de ses conseils et la continuité de son exemple ; qui sera le dépositaire de ma fortune, de ma liberté, de ma vie, de mon honneur ; sur les mœurs duquel les hommes seront autorisés à juger des miennes ; je dis plus, l'homme que je pourrai interroger sans crainte ; dont je ne redouterai point la confidence ; dont, pour me servir de l'expression de génie du chancelier Bacon, j'oserai éclairer le fond de la caverne, sans sentir vaciller le flambeau dans ma main ; cet homme se refait en un jour, en un mois, en un an ! Eh ! malheureusement la durée de la vie y suffit à peine ; et c'est un fait bien connu des vieillards, qui aiment mieux rester seuls que de s'occuper à retrouver un ami.

Lorsque notre philosophe se demande à lui-même ce qu'il s'est promis en prenant un ami, et qu'il se répond : « D'avoir quelqu'un pour qui mourir, qui accompagner en exil, qui sauver aux dépens de nos jours... » il est grand, il est sublime, mais il a changé d'avis.

Lorsque comparant l'amour et l'amitié, il ajoute que *l'amour est presque la folie de l'amitié*, il est délicat. Lorsqu'il répond à la question, quelle sera la vie du sage sur une plage déserte, dans le fond d'un cachot, *celle de Jupiter dans la dissolution des mondes,* il montre une âme forte. De pareilles idées ne viennent qu'à des hommes d'une trempe rare.

**4.**  Je lis dans un auteur moderne : « On oppose Sénèque comme un bouclier impénétrable à tous les traits qu'on peut lancer sur Épicure. Il est vrai que l'apologie que Sénèque a fait d'Épicure est formelle ; mais il est à craindre que, loin de justifier l'un, elle ne donne des soupçons contre l'autre. Si, à l'honneur d'Épicure, leurs doctrines avaient des apparences communes, ce serait à la honte de Zénon. »

Lorsque Sénèque fait l'éloge d'Épicure, il ne décrie point Zénon, non plus qu'il ne préconise celui-ci, lorsqu'il attaque le premier. C'est un juge impartial qui pèse ce que chaque secte enseigne de contraire ou de conforme à la vérité, et qui s'en explique avec franchise. Si les talents sublimes et les vertus transcendantes de l'académicien des inscriptions qui a enrichi l'histoire critique de la philosophie de son examen de la vie et de la doctrine d'Épicure, ne m'étaient parfaitement connus, je penserais qu'un auteur qui se sert de l'éloge de l'une des écoles pour les rendre toutes deux suspectes, est un mauvais logicien, s'il pense ce qu'il écrit, ou un dangereux hypocrite, s'il écrit ce qu'il ne pense pas.

Un littérateur du jour aurait-il la vanité de se croire mieux instruit des sentiments d'Épicure, dont les ouvrages nous manquent, qu'un ancien philosophe, qu'un Sénèque, qui les avait sous les yeux ?

Qu'Épicure et Zénon se soient accordés l'un et l'autre à regarder la vertu comme le plus essentiel de tous les biens, et qu'ils en aient eu les mêmes idées : que s'ensuit-il ? Que l'épicurien n'en était pas moins corrompu, et que le stoïcien en était peut-être moins sage. Voilà une étrange conclusion.

Eh ! c'est bien assez de damner Épicure, sans lui associer aussi lestement le philosophe Sénèque, son apologiste, Sénèque, que saint Jérôme, qui n'était pas le plus tolérant des Pères de l'Église, loue pour la pureté de sa morale, la sainteté de sa vie, et qu'il a inscrit dans le catalogue des auteurs sacrés.

« O Dieu, je vois à tes côtés un Sénèque à qui tu rends le prix du sang qu'il eût versé pour toi ; un Épictète qui te chérit dans les fers ; un Antonin qui ne te méconnut pas sur le trône ; j'y vois un Tite qui regrettait les instants où il avait négligé de faire du bien aux hommes ; un Aristide qui honora la pauvreté, et qui préféra le nom de juste aux honneurs et aux richesses ; un Régulus qui sourit aux bourreaux ; et je vois loin de toi des barbares qui, la croix à la main, assouvissent leurs fureurs, et réussiraient à te faire haïr, si l'homme vertueux pouvait t'imputer leurs atrocités... » Ces lignes énergiques ne sont pas de moi ; mais je les envie à l'auteur anonyme d'un *Éloge de Socrate*.

Sénèque ne ferme presque pas une de ses lettres sans la sceller de quelques maximes d'Épicure, et ces maximes sont toujours d'un grand sens et d'une sagesse merveilleuse : quelle honte pour le zénonisme !

**20.**   Sénèque prétend, *lettre 50ᵉ*, « que le vice est dans l'âme une plante étrangère ; que la vertu s'y trouve dans son terrain, et qu'elle s'y enracine de plus en plus, parce qu'elle est dans l'ordre de la nature, dont le vice est l'ennemi... » Cela est-il bien vrai ? Pourquoi donc tant de vicieux, si peu de vertueux, au milieu de tant de prédicateurs de vertu ? Pourquoi tant de besoin, et si peu de succès de l'éducation dans la jeunesse ? tant de conseils et si peu de fruit dans l'adolescence et dans l'âge viril ? tant de fous dans la vieillesse ? tant d'indocilité dans l'esprit, au milieu de la ruine des sens ? La passion parle toujours la première, et la raison se tait ou ne parle que tard et à voix basse. Sénèque ne se contredit-il pas, lorsqu'il reproche à Apicius d'inviter à la débauche une jeunesse portée au mal, même sans exemple ?

À l'en croire, « les bois tordus peuvent être redressés, les poutres courbées s'amollissent à la chaleur humide : pourquoi donc, ajoute-t-il, l'âme même endurcie dans le vice ne se corrigerait-elle pas ?... ». Je parlerais contre l'expérience, si je niais la possibilité de ce prodige ; mais, mon respectable philosophe, les raisons que vous empruntez de la flexibilité et de la mollesse de la substance spirituelle sont bien frivoles. N'êtes-vous pas en contradiction avec vous-même, lorsque vous assurez ailleurs que la vertu une fois acquise l'est pour toujours, que la vertu ne se désapprend pas ? Hélas ! c'est alors qu'on serait tenté de convenir avec vous que la substance spirituelle est bien flexible, bien molle ; mais si elle est telle pour revenir du mal au bien, telle elle doit être aussi pour retourner du bien au mal.

Il raconte au même endroit une petite anecdote domestique. Il garda la folle de sa femme, comme une des charges de sa succession. « J'ai peu de goût, dit-il, pour ces espèces de monstres ; et si j'avais à m'amuser d'un fou, je ne l'irais pas chercher hors de moi. Elle a perdu subitement la vue ; mais une chose incroyable et vraie, c'est qu'elle ignore qu'elle est aveugle, et ne cesse de prier son conducteur de la déloger d'une maison où l'on ne voit goutte. Nous rions d'elle, et nous lui ressemblons. »

*Lettre 52ᵉ*. « Le moraliste devrait rougir de honte, si l'on oublie la vertu dont il parle, pour remarquer son éloquence... » En général, quelle que soit la cause que vous plaidiez, qu'on ne vous trouve éloquent que quand vous vous serez tu ; c'est à la force et à la durée des impressions que vous aurez faites, à ramener, de réflexion, sur votre talent.

Sénèque était si faible, si glacé, qu'il nous dit, *lettre 57,* qu'il passait presque l'hiver entier entre des couvertures.

On voit, *lettre 58,* que la langue latine s'était appauvrie, comme la nôtre, en se polissant ; effet de l'ignorance et d'une fausse délicatesse : de l'ignorance, qui laisse tomber en désuétude des mots utiles ; d'une fausse délicatesse, qui proscrit ceux qui blessent l'oreille ou gênent la prononciation. Alors des expressions d'Ennius et d'Attius étaient surannées, comme plusieurs de Rabelais, de Montaigne, de Malherbe et de Régnier le sont aujourd'hui. Au temps de Sénèque, Virgile commençait à vieillir. De toutes les machines il n'y en a aucune qui travaille autant que la langue, aucune d'aussi orgueilleuse et d'aussi passive que l'oreille ; et l'une et l'autre tendent à se délivrer d'un malaise léger, mais continu.

Il dit sur la vieillesse, « qu'il est doux de rester longtemps avec soi, quand on est devenu soi-même un spectacle consolant pour soi ; cependant qu'il y a plus d'inconvénients à attendre les infirmités et à vivre trop longtemps qu'à mourir trop tôt, et qu'on n'est pas loin de la peur de finir, quand on laisse arriver le destin sans oser faire un pas au-devant de lui... ». Et j'ajouterai : À quoi bon rester, quand on n'est plus propre qu'à corrompre le bonheur, à troubler les devoirs et à empoisonner les jours de ceux que la reconnaissance et la tendresse attachent à notre côté ? N'attendons pas qu'ils nous donnent congé ; nous avons vécu, permettons-leur de vivre. Et ne craignons pas que ce conseil soit funeste aux vieillards : ils ont tous la peur de mourir ; la vie n'est vraiment dédaignée que par ceux qui peuvent se la promettre longue ; ils ne la connaissent pas, comment y attacheraient-ils de l'importance ou du mépris ? Ils vivent comme ils font tout le reste, sans y réfléchir.

**23.** La *lettre 70* est du suicide.

Voici les causes principales du suicide. Si les opérations du gouvernement précipitent dans une misère subite un grand nombre de sujets, attendez-vous à des suicides. On se défera fréquemment de la vie partout où l'abus des jouissances conduit à l'ennui, partout où le luxe et les mauvaises mœurs nationales rendent le travail plus effrayant que la mort, partout où des superstitions lugubres et un climat triste concourront à produire et à entretenir la mélancolie, partout où des opinions moitié philosophiques, moitié théologiques, inspireront un égal mépris de la vie et de la mort.

Les stoïciens pensaient que la notion générale de bienfaiteur ne nous faisant point un devoir de garder un présent que nous n'avons pas sollicité et qui nous gêne, soit que la vie fût un bien ou fût un mal, la doctrine du suicide n'était nullement incompatible avec l'existence des dieux. Ils allaient plus loin : le suicide que la loi civile et la loi religieuse proscrivent également, est un des points fondamentaux de la secte ; selon cette école, « le sage ne vit qu'autant qu'il doit, non autant qu'il le pourrait ; le bonheur n'est pas de vivre, mais le devoir, mais le bonheur est de bien vivre ».

Les opinions tombent ou se propagent selon les circonstances ; et quelles circonstances plus favorables à la doctrine du suicide, que celles où un geste, un mot, une médisance, une calomnie, le ressentiment d'une femme, la haine d'un affranchi, une grande fortune, la délation d'un esclave mécontent ou corrompu, la jalousie, la cupidité, l'ombrage d'un tyran, vous envoyaient au supplice dans le moment le plus inattendu ? C'est alors qu'il faut dire aux hommes : « Mourir plus tôt ou

plus tard, n'est rien : bien ou mal mourir, voilà la chose
importante ; bien mourir, c'est se soustraire au danger de vivre
mal. La fortune peut tout sur celui qui vit encore ; rien contre
celui qui sait mourir... Le centurion va venir... » Eh bien ! il
faut l'attendre. Pourquoi se charger de sa fonction, et épargner l'odieux de ta mort au tyran qui l'envoie ?... « Mais que
j'attende ou n'attende pas, le vieux centurion des dieux, le
temps, est toujours en marche... La sagesse éternelle n'a
ouvert qu'une porte pour entrer dans la vie, et en a ouvert
mille pour en sortir. On n'est pas en droit de se plaindre de la
vie : elle ne retient personne ; vous vous en trouvez bien ?
vivez ; mal ? mourez. Les moyens de mourir ne manquent qu'à
celui qui manque de courage. Si c'est une faiblesse de mourir
parce qu'on souffre, c'est une folie de vivre pour souffrir.
Mourir, c'est quitter un jeu de hasard où il y a plus à perdre
qu'à gagner. Pourquoi craignons-nous de mourir ? C'est que
nous sommes d'anciens locataires que l'habitude a familiarisés
avec les incommodités de notre domicile : c'est une ridicule
terreur d'être pis qui nous empêche de déloger. Notre
croyance dans les dieux est bien faible, ou nous avons de l'être
suprême une étrange opinion, si nous éprouvons tant d'aversion à l'aller trouver. La frayeur d'un moribond calomnie le
ciel. Est-ce un bon père ou un tyran farouche qui t'attend ?

« La nature n'est qu'une succession continue de naissances
et de morts. Les corps composés se dissolvent ; les corps
dissous se recomposent. C'est dans ce cercle infini que
s'accomplissent les travaux du grand architecte. »

« Dans une attaque d'asthme je fus tenté plusieurs fois, dit
encore Sénèque, de rompre avec la vie ; mais je fus retenu par
la vieillesse d'un père qui m'aimait tendrement. Je songeai
moins à la force que j'avais pour me donner la mort, qu'à celle
qui lui manquait pour supporter la perte de son fils. »

Les hommes ne se considèrent pas assez comme dépositaires
du bonheur, même de l'honneur de ceux auxquels ils sont
attachés par les liens du sang, de l'amitié, de la confraternité.
La honte d'une action rejaillit sur les parents ; les amis sont au
moins accusés d'un mauvais choix ; un corps, une secte entière
est calomniée. Il est rare qu'on ne fasse du mal qu'à soi.


**24.** En lisant Sénèque, on se demande plusieurs fois
pourquoi les Romains se donnaient la mort ; pourquoi les
femmes romaines la recevaient avec une tranquillité, un sang-
froid tout voisin de l'indifférence ? Les combats sanglants du

cirque où ils voyaient mourir si fréquemment, avaient-ils rendu leur âme féroce ? Le mépris de la vie s'élevait-il sur les ruines du sentiment de l'humanité ? Revenaient-ils du spectacle convaincus que la douleur de ce passage qui nous effraie est bien peu de chose, puisqu'elle ne suffisait pas pour ôter aux gladiateurs la force de tomber avec grâce et d'expirer selon les lois de la gymnastique [1] ?

Ce n'était ni par dégoût, ni par ennui que les anciens se donnaient la mort ; c'est qu'ils la craignaient moins que nous, et qu'ils faisaient moins de cas de la vie. Le dialogue suivant n'aurait point eu lieu entre deux Romains.

« Voyez-vous cet endroit ? C'est la bonde de l'étang, le lieu des eaux le plus profond. Vingt fois j'ai été tenté de m'y jeter. — Pourquoi ne l'avez-vous pas fait ? — Je mis ma main dans l'eau, et je la trouvai trop froide. — Dans un autre moment vous l'auriez trouvée trop chaude ; celui qui tâte l'eau, ne s'y jette pas. »

Les conseils, le courage philosophique sont les deux objets de la *71ᵉ lettre*. Rien de plus grand et de plus beau que la peinture du courage philosophique... « Élevez votre âme, mon cher Lucilius ; renoncez à des recherches frivoles, à une philosophie minutieuse qui rétrécit le génie. »

« Il faut une grande âme pour apprécier de grandes choses... Les petites âmes portent dans les grandes choses le vice qui est en elles... » C'est la raison pour laquelle on donne le nom de *têtes exaltées* à ceux qui marquent une violente indignation contre des vices communs qu'on partage, ou qu'on a quelque intérêt à ménager. Pour fréquenter sans honte les grands pervers, et pour en capter la faveur sans rougir, on amoindrit leur perversité : c'est autant pour soi que pour eux qu'on sollicite de l'indulgence. Mon enfant, je crains bien que vous n'ayez le cœur corrompu, lorsqu'on cessera de vous reprocher une tête exaltée. Puissiez-vous mériter cette injure jusqu'à la fin de votre vie !

---

1. C'est peut-être à ces leçons populaires et continues du mépris de la vie, de la douleur, de la mort, qui étaient adressées par les gladiateurs, les soldats, les généraux et les philosophes, que l'art de guérir en ces temps était redevable de sa hardiesse. Il employait le fer et le feu sur des viscères que nous n'osons attaquer, et moins encore par ces moyens violents ; il amputait la matrice, il ouvrait le foie, il fendait les reins. On serait tenté de croire qu'à mesure qu'il s'est éclairé, il soit devenu pusillanime. Y a-t-il gagné ou perdu ? C'est à ceux qui le professent à décider cette question. (Diderot.)

**25.** « Il n'y a point de vent favorable pour qui ne sait pas dans quel port il veut entrer... » Cela est vrai ; mais la maxime contraire ne l'est-elle pas également, et le stoïcien ne pouvait-il pas dire : Il n'y a point de vent contraire pour celui à qui tout port convient, et qui se trouve aussi bien dans la tempête que dans le calme ?

Il prouve, *lettre 72,* que la sagesse ne souffre point de délai ; et *lettre 70,* que le philosophe n'est point un séditieux, un mauvais citoyen.

Et comment pourrait-on être de bonne foi, et regarder le philosophe comme un ennemi de l'État et des lois, le détracteur des magistrats et de ceux qui président à l'administration publique ? Qui est-ce qui leur doit autant que lui ? Sont-ce des courtisans, placés au centre du tourbillon, avides d'honneurs et de richesses ; pour qui le prince fait tout, sans jamais avoir fait assez ; dont la cupidité s'accroît à mesure qu'on leur accorde ? Des hommes que sa munificence ne saurait assouvir, quelque étendue qu'elle soit, l'aimeraient-ils aussi sincèrement que celui qui tient de son autorité une sécurité essentielle à la recherche de la vérité, un repos nécessaire à l'exercice de son génie ?

« Le commerçant dont la cargaison est la plus riche, est celui qui doit le plus d'actions de grâces à Neptune. »

Le magistrat rend la justice ; le philosophe apprend au magistrat ce que c'est que le juste et l'injuste. Le militaire défend la patrie ; le philosophe apprend au militaire ce que c'est qu'une patrie. Le prêtre recommande au peuple l'amour et le respect pour les dieux ; le philosophe apprend au prêtre ce que c'est que les dieux. Le souverain commande à tous ; le philosophe apprend au souverain quelle est l'origine et la limite de son autorité. Chaque homme a des devoirs à remplir dans sa famille et dans la société ; le philosophe apprend à chacun quels sont ces devoirs. L'homme est exposé à l'infortune et à la douleur ; le philosophe apprend à l'homme à souffrir.

Si l'on attenta quelquefois à la vie du prince, fut-ce le philosophe ? Si l'on écrivit contre lui un libelle, fut-ce le philosophe ? Si l'on prêcha des maximes séditieuses, fut-ce dans son école ? A-t-il été le précepteur de Ravaillac ou de Jean Châtel ? C'est le philosophe qui sent un bienfait, c'est lui qui est prompt à le reconnaître et à s'en acquitter par son aveu.

**26.** Ce sujet mériterait bien d'être traité de nos jours. La question se réduirait à savoir s'il est licite ou non de s'expliquer librement sur la religion, le gouvernement et les mœurs.

Il me semble que si jusqu'à ce jour l'on eût gardé le silence sur la religion, les peuples seraient encore plongés dans les superstitions les plus grossières et les plus dangereuses. Si la république avait le même droit au temps de l'idolâtrie, nous serions encore idolâtres ; on fit boire la ciguë à Socrate sans injustice ; les Néron et les Dioclétien ne furent point d'atroces persécuteurs.

Il me semble que si jusqu'à ce jour l'on eût gardé le silence sur le gouvernement, nous gémirions encore sous les entraves du gouvernement féodal ; l'espèce humaine serait divisée en un petit nombre de maîtres et une multitude d'esclaves ; ou nous n'aurions point de lois, ou nous n'en aurions que de mauvaises ; Sidney n'eût point écrit, Locke n'eût point écrit, Montesquieu n'eût point écrit ; et il faudrait compter au nombre des mauvais citoyens ceux qui se sont occupés avec le plus de succès de l'objet le plus important au bonheur des sociétés et à la splendeur des États.

Il me semble enfin que si jusqu'à ce jour l'on eût gardé le silence sur les mœurs, nous en serions encore à savoir ce que c'est que la vertu, ce que c'est que le vice. Interdire toutes ces discussions, les seules qui soient dignes d'occuper un bon esprit, c'est éterniser le règne de l'ignorance et de la barbarie.

Un philosophe disait un jour à un jeune homme qui avait rassemblé dans un petit ouvrage une foule d'autorités recueillies de nos jurisconsultes en faveur de l'intolérance et de la persécution : « Sais-tu ce que tu as fait ? Tu as passé ton temps à ramasser des fils d'araignée pour en ourdir une corde à étrangler l'homme de bien et l'homme courageux. »

Sénèque démontre, *lettre 74,* qu'il n'y a de bon que ce qui est honnête, et *lettre 75,* que la philosophie n'est point une science de mots. « En quoi, dit-il, consiste la liberté du sage ? A ne craindre ni les hommes ni les dieux. »

On est philosophe ou stoïcien dans toute la rigueur du terme, lorsqu'on sait dire comme le jeune Spartiate : « Je ne serai point esclave. »

Ô la belle éducation que celle où l'on nous aurait appris à nous fracasser la tête contre une muraille plutôt que de porter un vase d'ordures !

« Celui qui s'est rendu maître de soi, s'est affranchi de toute servitude. »

« On donne du temps et des soins à tout ; il n'y a que la vertu dont on ne s'occupe que quand on n'a rien à faire. »

« L'homme vertueux ne craint ni la mort ni les dieux. »

« L'opulence pourra vous venir d'elle-même ; peut-être les honneurs vous seront-ils déférés sans que vous les sollicitiez, et les dignités vous seront-elles jetées. Il n'en sera pas ainsi de la vertu : vous ne l'obtiendrez que de vous-même, et vous ne l'obtiendrez pas d'un médiocre effort. Mais, à votre avis, la certitude de s'emparer de tous les biens d'un coup de main ne mérite-t-elle pas une pénible tentative ? »

« S'il faut s'immoler pour la patrie, s'il faut mourir pour le salut de vos concitoyens, que ferez-vous ? — Je mourrai. — Mais songez-y, votre sacrifice sera suivi de l'oubli et payé d'ingratitude. — Que m'importe ? je n'envisage que mon action ; ces accessoires lui sont étrangers, et je mourrai... » Voilà l'esprit qui domine dans toute la morale de Sénèque. Il ne dit pas un mot qui n'inspire l'héroïsme, et c'est la raison peut-être pour laquelle il est si peu lu et si peu goûté. On ferme l'oreille à des avis qu'on ne se sent pas la force de suivre ; ils importunent parce qu'ils humilient.

On a dit de celui qui se plaisait à la lecture d'Homère qu'il avait déjà fait un grand progrès dans la littérature. On pourrait dire de celui qui se plaît à la lecture de Sénèque qu'il a déjà fait un grand pas dans le chemin de la vertu.

**37.** La *lettre 95*ᵉ ne le cède en rien à la précédente : Sénèque y prouve que la philosophie parénétique ou de préceptes ne suffit pas. Lorsque Saint-Évremond s'expliquait si légèrement sur Sénèque, il ne l'avait pas lu.

Un de ces hommes frivoles, qu'on appelait de son temps d'agréables débauchés, un épicurien sensuel, un bel esprit, était peu fait par son état, son caractère et ses mœurs, pour apprécier les ouvrages de Sénèque, et goûter ses principes austères. Voici mot à mot le jugement que Saint-Évremond portait de Sénèque et de lui-même.

« Je vous avouerai, dit-il, avec la dernière impudence, que j'estime beaucoup plus la personne que les ouvrages de ce philosophe. »

Saint-Évremond, ainsi que la plupart de ceux qui ont parlé de Sénèque, soit en bien, soit en mal, ne connaissait ni ses ouvrages ni sa personne.

« J'estime le précepteur de Néron, l'amant d'Agrippine, l'ambitieux qui prétendait à l'empire. »

Sénèque ne fut l'amant ni d'Agrippine ni de Julie ; la méchanceté le soupçonna seulement, sur l'intimité qui régnait entre lui et celle-ci, d'avoir été le confident de ses intrigues. Saint-Évremond n'est que l'écho de Dion ou du moine Xiphilin, l'écho de l'infâme Suilius.

Sénèque corrupteur de Julie, estimé par Saint-Évremond, n'en resterait pas moins exposé à la censure des hommes qui ont un peu de morale. Quoique la dépravation ait fait de grands progrès depuis un siècle, nous n'en sommes pas encore venus jusqu'à louer l'adultère.

Sénèque n'eut point l'ambition de régner. Néron ne put jamais l'impliquer dans la conjuration de Pison ; et pour assurer qu'il n'ignorait pas que les conjurés avaient résolu de l'élever à l'empire, il faut s'en rapporter à un bruit populaire.

Il ne suffit pas de faire une jolie phrase, il faut encore y mettre de la vérité.

« Du philosophe et de l'écrivain je ne fais pas grand cas. »

C'est être bien difficile ; c'est l'être plus que Quintilien, qui n'aimait pas Sénèque, plus que Columelle, Plutarque, Juvénal, Fronton, Martial, Sidonius Apollinaris, Aulu-Gelle, Tertullien, Lactance, saint Augustin, saint Jérôme, Juste Lipse, Érasme, Montaigne et beaucoup d'autres, qui se sont illustrés comme philosophes et comme littérateurs. Il y a plus de saine morale dans ses écrits que dans aucun autre auteur ancien, et plus d'idées dans une de ses lettres que dans les quinze volumes de Saint-Évremond.

« Sa latinité n'a rien de celle du temps d'Auguste, rien de facile, rien de naturel. »

Cela se peut, mais c'est un bien léger défaut, surtout pour d'aussi pauvres connaisseurs que nous dans une langue morte. Sa latinité est celle de Pline l'Ancien, de Pline le Jeune et de Tacite : en admirons-nous moins ces auteurs ? Tacite n'écrit pas comme Tite-Live ; cependant quel est l'homme d'un peu de génie qui ne préfère le penseur profond à l'écrivain élégant, le nerf de l'un à l'harmonie de l'autre ? On est souvent pur et plat, sublime et barbare : on met souvent le plus grand choix des mots à dire des riens, et l'on dit de grandes choses d'un style très négligé, très incorrect.

« Toutes pointes, toutes imaginations qui sentent plus la chaleur d'Afrique ou d'Espagne que la lumière de Grèce ou d'Italie. »

Sans doute il y a dans Sénèque des jeux de mots, des concetti, des pointes qui me blessent autant que Saint-

Évremond ; des imaginations outrées, dont il faut moins
accuser le manque de génie que l'enthousiasme du stoïcisme,
et que je voudrais non supprimer, mais adoucir. La pensée de
Sénèque peut très souvent être comparée à une belle femme
sous une parure recherchée ; Quintilien, le rival de Sénèque,
s'en était bien aperçu : « Cet auteur, dit-il, fourmille de
beautés, il a des sentiments de la plus grande délicatesse. On y
rencontre à chaque page des idées sublimes qui forcent
l'admiration… » et n'en déplaise à Saint-Évremond, Quintilien est un juge un peu plus sûr que lui.

« Néron avait auprès de lui des petits-maîtres fort délicats,
qui traitaient Sénèque de pédant. »

Saint-Évremond en a fait tout à l'heure un amant d'Agrippine ; ici il en fait un pédant. S'entend-il bien lui-même ?
Connaît-il ceux qu'il appelle des petits-maîtres ? Un Tigellin,
un Pallas, un Narcisse, un Sporus, un Athénagoras, un
troupeau d'infâmes débauchés, de corrupteurs, d'adulateurs
d'un monstre, de scélérats dignes du dernier supplice, en
comparaison desquels le plus vicieux de nos courtisans est un
homme de bien. Il est glorieux d'être ridicule aux yeux de tels
personnages ; c'est presque leur ressembler que de les nommer
sans indignation. Néron fut plus cruel qu'eux, mais ils furent
plus vils que lui.

Sénèque a dit : Une âme qui connaît la vérité ; qui sait
distinguer le bien du mal ; qui n'apprécie les choses que
d'après leur nature, sans égard pour l'opinion ; qui se porte
dans tout l'univers par la pensée, en étudie la marche
prodigieuse, et revient de la contemplation à la pratique ; dont
la grandeur et la force ont pour base la justice ; qui sait résister
aux menaces comme aux caresses ; qui commande à la
mauvaise fortune comme à la bonne ; qui s'élève au-dessus des
événements nécessaires ou contingents, qui ne voudrait pas de
la beauté sans la décence, de la force sans la tempérance et la
frugalité ; une âme intrépide, inébranlable, que la violence ne
peut abattre, que le sort ne peut ni humilier ni enorgueillir,
une telle âme est l'image de la vertu, etc. Voilà le philosophe
dont Saint-Évremond a osé dire qu'il ne lisait jamais les écrits
sans s'éloigner des sentiments qu'il voulait lui inspirer ; voilà
les pointes avec lesquelles il écrivait de la vertu.

« Sa vertu fait peur… » C'est que sa vertu n'a ni l'afféterie,
ni les petites grâces, ni les petites mines d'une femme de cour.
Sa vertu fait peur : oui, aux efféminés, aux flatteurs, aux
enfants, et peut-être même à l'homme que la nature n'a pas

destiné au rôle de Régulus ou de Caton, si l'occasion s'en
présente, et par conséquent à beaucoup de monde, à Saint-
Évremond, à moi : avec cette différence qu'il est fier de sa
faiblesse, et que je suis honteux de la mienne ; qu'il plaisante
de cette vertu, et que je me prosterne devant elle.

« Il me parle tant de la mort, et me laisse des idées si noires,
que je fais ce qu'il m'est possible pour ne pas profiter de ma
lecture. »

Saint-Évremond n'est pas digne de l'école où il s'est glissé ;
et il n'écouterait pas sans pâlir l'histoire des derniers moments
d'Épicure, son maître.

« Il est ridicule qu'un homme qui vivait dans l'abondance et
se conservait avec tant de soin, ne prêchât que la pauvreté et la
mort. »

Celui qui s'exprime ainsi, n'a jamais lu les ouvrages de
Sénèque, et n'en connaît guère que les titres ; sa vie privée lui
est inconnue. Sénèque était frugal ; riche, il vivait comme s'il
eût été pauvre, parce qu'il pouvait le devenir en un instant ; sa
fortune était le fonds de sa bienfaisance ; son luxe, la
décoration incommode de son état : c'étaient ses amis
qui jouissaient de son opulence ; il n'en recueillait que l'embarras de la conserver et la difficulté d'en faire un bon
usage.

Le vrai ridicule, c'est celui d'un vieillard frivole, prononçant
d'une manière aussi tranchée et d'un ton aussi indécent sur les
écrits, la doctrine et les mœurs d'un personnage aussi respectable que Sénèque.

Le vrai ridicule, c'est de permettre de lire Sénèque et de
l'imiter quand on en sera réduit à se couper les veines ;
lorsqu'on en est là, il n'est plus temps de lire. Quand on n'a
pas lu et relu Sénèque d'avance, on l'imite mal. Il me semble
que j'entends Sénèque, s'adressant à Saint-Évremond, lui
dire : « Et qui est-ce qui n'est pas exposé d'un moment à
l'autre à avoir les veines coupées ? Si ce n'est pas la cruauté
d'un tyran, ce sera par le décret de la nature : et qu'importe
que votre sang soit versé ou par un centurion ou par un
phlébotomiste, par la fluxion de poitrine ou par la proscrip-
tion : en mourrez-vous moins ? en serez-vous moins obligé de
savoir mourir ? » Lorsque la corruption est systématique, et
que le vice est devenu les mœurs de l'homme, il n'y a pas plus
de remède qu'à la vieillesse.

J'ai apostrophé Saint-Évremond, parce que, devant la
justice également à ceux qui sont et à ceux qui ne sont plus, je

parle aux morts comme s'ils étaient vivants, et aux vivants comme s'ils étaient morts.

On a écrit autrefois des libelles contre les honnêtes gens, comme on en écrit aujourd'hui, mais peu sont parvenus jusqu'à nous.

Nos bibliothèques immenses, le commun réceptacle et des productions du génie et des immondices des lettres, conserveront indistinctement les unes et les autres. Un jour viendra où les libelles publiés contre les hommes les plus illustres de ce siècle seront tirés de la poussière par des méchants animés du même esprit qui les a dictés ; mais il s'élèvera, n'en doutons point, quelque homme de bien indigné qui décélera la turpitude de leurs calomniateurs, et par qui ces auteurs célèbres seront mieux défendus et mieux vengés que Sénèque ne l'est par moi.

Le vice des ignorants est d'enchérir sur les invectives des méchants, dans la crainte de n'en paraître que les échos. Les détracteurs modernes de Sénèque ont été beaucoup plus cruels que les anciens : les douze lignes d'un Suilius ont enfanté des volumes d'injures atroces.

**40.**  Si Sénèque a montré de la finesse et du goût dans quelques-unes de ses lettres, c'est à la *114e*, où il examine l'influence des mœurs publiques et du caractère particulier sur l'éloquence et le style. Mécène écrivait comme il s'habillait ; son discours fut mou, négligé, lâche comme son vêtement. Sénèque ne veut pas que le philosophe, l'orateur même s'occupe beaucoup de l'élégance et de la pureté du style : il l'aime mieux véhément qu'apprêté.

Les richesses font-elles le bonheur ? L'opinion des péripatéticiens sur l'utilité des passions est-elle vraie ? Quelle différence le stoïcien met-il entre la sagesse et le sage ? Qu'est-ce que le bon ? Qu'est-ce que l'honnête ? Quels sont nos besoins et nos désirs naturels ? Quelle est l'origine de nos idées du bon et de l'honnête ? En quoi consiste la constance du sage ? Les animaux ont-ils le sentiment de leur état ? De la vie réglée ; de l'extravagance du luxe ; de la frugalité. Le souverain bien réside-t-il dans l'entendement ? Sa notion y est-elle innée, ou les premières idées de la vie ont-elles pour base, ainsi que les éléments de toute science et de tout art, quelques phénomènes acquis par les sens ? Voilà le reste des questions agitées depuis la *115e lettre* jusqu'à la *124e* et dernière.

*Lettre 116 :* « Un jeune fou demandait à Panaetius si le sage pouvait être amoureux. Panaetius lui répondit : Oui, le sage. »

*Lettre 121* : « L'accomplissement de vos désirs les plus vifs a souvent été la source de vos plus grandes peines... » En effet, combien il m'est arrivé de fois de soupirer après le malheur !

*Lettre 122* : « Discerner la vérité au milieu de l'erreur générale, c'est le caractère du génie ; opposer son sentiment à celui de tout un peuple, c'est l'indice d'une âme forte. »

Il serait difficile de citer un sentiment honnête, un précepte de sagesse, un exemple de beau, qui ne se trouvât dans ces lettres. On y voit partout un penseur délicat, subtil et profond, un homme de bien. Cependant où ont-elles été écrites ? À la cour la plus dissolue. Dans quel temps ? Au temps de la plus grande dépravation des mœurs. Elles sont au nombre de cent vingt-quatre, et dans aucune, pas un seul mot qui sente l'hypocrisie. Ici, sa pensée s'échappe librement de son esprit ; là, son âme et sa tête s'échauffent de concert : il est indigné, il est violent, mais à travers les différents mouvements qui l'agitent, toujours vrai, toujours lui. Je suppose que ce recueil tombât entre les mains d'un homme de sens, mais assez étranger à la philosophie pour ignorer le nom de Sénèque, et qu'après la lecture de ces lettres, on lui demandât ce qu'il pense de l'auteur. Balancerait-il à répondre qu'on n'écrit ainsi que quand on a reçu de la nature une élévation, une force d'âme peu communes ? Et réussirait-on à lui persuader le contraire, surtout si l'on faisait passer successivement sous ses yeux les autres ouvrages de Sénèque, et qu'on terminât cet essai par l'histoire de sa vie et le récit de sa mort ? Ne serait-il pas tenté de s'écrier de Sénèque, comme Érasme de Socrate, *Sancte Seneca ?*

Deux grands philosophes firent deux grandes éducations : Aristote éleva Alexandre ; Sénèque éleva Néron.

Les deux hommes les plus sages, les deux plus grands philosophes, l'un d'Athènes, l'autre de Rome, sont morts d'une mort violente : tous deux ont été tourmentés pendant leur vie et calomniés après leur mort. Vous qui marchez sur leurs traces, plaignez-vous, si vous l'osez.

Les lettres de Sénèque sont trop pleines, trop substantielles pour être lues sans interruption. C'est un aliment solide qu'il faut se donner le temps de digérer.

# TABLE DES MATIÈRES

# AGORA
## LES IDÉES, LES ARTS, LES SOCIÉTÉS

# OUVRAGES
## DE LA COLLECTION
## « LIRE ET VOIR LES CLASSIQUES »

*Achevé d'imprimer en septembre 1994*
*sur les presses de l'Imprimerie Bussière*
*à Saint-Amand (Cher)*

POCKET - 12, avenue d'Italie - 75627 Paris Cedex 13
Tél. : 44-16-05-00

— N° d'imp. 2478. —
Dépôt légal : février 1991.

*Imprimé en France*